Heike Baum, Hajo Bücken

Kiesel, Schotter, Hinkelstein

Geschichten und Spielereien rund um Steine

Illustration: Birgit Blügel-Bungart

Ökotopia Verlag

Impressum

AutorInnen:
Heike Baum, Hajo Bücken

Titelgrafik u. Illustration:
Birgit Blügel-Bungart

Satz:
stattwerk e.G., Essen

Druck:
Druckwerkstatt Hafen GmbH, Münster

© 1995 by Ökotopia Verlag, Münster
3. Aufl., 7.-9. Tsd., Juli 2001

Dieses Buch wurde auf garantiert chlorfreiem Papier gedruckt.
Im Bleichprozeß wird statt Chlor Wasserstoffperoxid eingesetzt. Dadurch entstehen keine
hochtoxischen CKW (Chlorkohlenwasserstoff)-haltigen Abwässer.

CIP-Titelaufnahme der Deutschen Bibliothek

Baum, Heike:
Kiesel, Schotter, Hinkelstein : [Geschichten und Spielereien rund um Steine] /
Heike Baum ; Hajo Bücken. 3. Aufl. – Münster : Ökotopia-Verl., 2001
   ISBN 3-925169-77-6
NE: Bücken, Hajo:

Inhaltsverzeichnis

Vorwort   5

Dem Stein auf der Spur   7

Steinerne Vergangenheit 8

Steinerner Grund 12

Steinerne Spuren 14

Die Wiege der Ziegel 18

Steinerne Grenzen 20

Edle Steine 20

Diamanten haben glitzerndes Feuer 22

Leben im Stein 25

Wir sind steinreich   27

Kiesel und Schotter werden steinreich 28

Verspielte Steine 31

Annäherungsversuche 32

Bewegte Steine   44

Von alten und neuen Spielen 45

Steinspiele 47

Steinerne Rätsel 52

Rollen, Rutschen, Kugeln 53

Über Stock und Stein 56

Der Große Steinschlag zu Besuch 57

Spiele im Gelände 59

Auf der Wiese 65

Am Wasser 70

Am Strand 73

Wenn Steine aufeinander treffen 75

Die Langeweile vertreiben 76

Ein Stein im Brett 77

Denken und Meditieren 85

Die steinerne Vergangenheit entdecken 86

Denken und Spüren 88

Meditieren 96

Vorwort

»Steine gibt's wie Sand am Meer.«
Das ist ein Satz, den ich in meiner Kindheit aufgeschnappt habe und seither nie vergaß.
Heute weiß ich, daß dieser Sand am Meer nichts anderes ist als Millionen zu kleinsten Sandkörnern geschliffene Steine.
Seit langem mag ich Steine in jeder Farbe und Form, in jeder Größe und Beschaffenheit. Deshalb kam das Angebot, ein Buch über sie zu schreiben, gerade recht.
Dieses Buch entstand zu einem Teil in Bremen, zum anderen an der Nordküste der italienischen Insel Sardinien. Es ist für Kinder gedacht. Trotzdem hoffe ich, daß auch die Erwachsenen ihre Freude und ihren Spaß daran haben. Denn vor allem die Faszination, die von den Steinen ausgeht, soll hier in Wort und Bild sichtbar werden.
Würde das gelingen, wäre ich sehr zufrieden.

Bremen, im April 1995   *Hajo Bücken*

Auch ich liebe Steine.

Oft komme ich von einem Urlaub oder einem Spaziergang mit Steinen beladen nach Hause. Dort wird meine Wohnung mit ihnen dekoriert.

Es ist nicht selten, daß ich mich mit Freunden im Gespräch auf dem Boden sitzend wiederfinde. Alle haben einen Stein in der Hand, den sie betrachten, fühlen und mit dem sie spielen.

Mich faszinieren die Formen und die Farben. Sie zeigen mir immer wieder, daß auch die sogenannte tote Natur eine eigene Dynamik hat. Ich glaube, wenn wir Kindern diese Schönheit zeigen und erleben lassen, dann werden sie bereit sein, die gesamte Natur zu achten und zu beschützen. Dieses Buch soll ein Schritt in diese Richtung sein.

Sulpach, im April 1995   ***Heike Baum***

Unser besonderer Dank gilt

Anette Büchold, der Fotografin, die nicht ruhte, bis sie das richtige Motiv in der richtigen Qualität vorlegen konnte

Birgit Blügel-Bungart, der Illustratorin, deren »Strich« uns allen von Anfang an gefallen hat

Ewald Holtermann, der bestens recherchiert, ausgewählt und organisiert hat

Eckart Bücken, der die besondere Kraft des Wortes beherrscht, ohne die Meditationen nur Texte wären

Volker Triebold, ohne den der Aufenthalt auf Sardinien niemals so reibungslos abgelaufen wäre

Kilian und Timo, die als Experten das richtige Alter haben, die Texte und Spiele kritisch auszuprobieren und zu bewerten.

Dem Stein auf der Spur

Stein hat Ausdruck

*Stein ist tot,
wird gesagt.
Ist das Wasser tot,
weil es nicht hören kann?
Ist die Luft tot,
weil sie nicht sehen kann?*

*Stein ist lebendig,
auch wenn kein Herz in ihm schlägt,
auch wenn kein Blut durch ihn fließt.
Stein spricht mit uns.
Wir müssen ihn nur hören
lernen.*

Steinerne Vergangenheit

Das Kieselwiesel hatte wieder einmal die Nase voll! Konnte denn dieser Schlotterschotter nicht ein einziges Mal Ruhe geben?
»Weiß ich doch nicht, woher die Steine kommen!«
»Aber ich möchte es doch so gerne wissen«, bettelte Schlotterschotter.
»Na schön«, gab das Kieselwiesel nach, »dann rumpeln wir also zum großen Steinschlag. Vielleicht kann der uns weiterhelfen.«
Schlotterschotter war zufrieden. Sie machten sich auf den Weg und bald schon hörten sie das Grollen und Donnern des Großen Steinschlages. Sie warteten, bis er sich beruhigt hatte, dann fragte Schlotterschotter:
»Lieber Steinschlag, kannst du uns erzählen, woher die Steine kommen, wie lange es sie schon gibt und wer sie gemacht hat?«
Der große Steinschlag legte die Stirn in tausend Falten, dachte nach und begann zu erzählen:
»Also, das sind viele Fragen auf einmal. Aber ich will sie euch der Reihe nach beantworten.
Entstanden sind die ersten Steine vor so vielen Jahren, daß wir sie kaum noch in Zahlen ausdrücken und uns schon gar nicht vorstellen können. Nicht einmal die Dinosaurier haben damals schon gelebt. Unsere Erde war ganz anders als heute, ein heißer, fast glühender Ball. Es gab wilde Stürme, die schrecklich lauten Krach machten.

Tief in der Erde ist es heute noch sehr warm. Aber damals war es so heiß, daß die Erde wie Milch überkochte. Kochend heiße Massen wurden vom Erdinnern an die Oberfläche geschleudert. Die Löcher, aus denen die heißen Massen kommen, heißen übrigens Vulkane. Die kochende Masse selbst wird Lava genannt. Die Vulkane spuckten die Lava aus und der Sturm schleuderte sie über die Erdoberfläche.
Könnt ihr euch vorstellen, wie das war?« fragte der große Steinschlag.
»Bestimmt laut und heiß«, antwortete Kieselwiesel.
Schlotterschotter ergänzte: »Jedenfalls so schrecklich, daß ich froh bin, daß es heute auf unserer Erde

ganz anders ist. Aber wie konnten denn nun die Steine entstehen?«

»Das ist gar nicht so einfach zu erklären«, erzählte der Steinschlag seine Geschichte weiter. »Ganz langsam begann die Erde kälter zu werden und die Vulkane wurden weniger. Auch die Stürme wurden seltener und sanfter. Deshalb wurde nicht mehr sofort zerstört, was sich neu gebildet hatte.

Wenn von vielen verschiedenen Steinen geredet wird, sprechen wir von Gestein. Unter Gestein verstehen wir also die verschiedensten Arten und Gestalten von Stein. Die Kruste und das ganze Innere der Erde ist Gestein.

Steine bestehen meist aus verschiedenen Mineralien, zuweilen aber auch nur aus einer einzigen Mineralart. Sie können ganz hart, aber auch weich oder locker sein.

Es gibt zum Beispiel den harten Granit, den leichten Kalkstein, den feinen, lockeren Sand oder den nassen, matschigen Tonschlamm. Ja, sogar die Erde, in der ein Salat wächst, besteht aus vielen ganz kleinen Steinen.«

Der Schlotterschotter stöhnte auf.

»Typisch«, rief das Kieselwiesel, »du verstehst wieder nur die Hälfte. Sag mal, Steinschlag, was gibt es denn für unterschiedliche Steinarten?«

»Aber mach' es bitte nicht zu schwer«, flüsterte der Schlotterschotter.

»Es werden drei große Gruppen unterschieden«, donnerte der Große Steinschlag.

»Da sind die Magmasteine; sie sind früher einmal, im Inneren der heißen Erde, flüssig gewesen. Als sie an die kühle Oberfläche kamen, sind sie zu Steinen erstarrt, genauso wie das Wasser im Winter zu Eis wird.

Magma ist ein griechisches Wort, das die Wissenschaftler gerne verwenden. Es bedeutet: flüssige Steine, die erkaltet und fest geworden sind. Damit Schlotterschotter uns besser versteht, werden wir weiter von erstarrten Steinen sprechen.

Dann gibt es noch die Sedimentgesteine.

Stellt euch vor, ihr stellt einen Pinsel mit blauer Farbe in ein Glas mit klarem Wasser. Ganz langsam verteilt sich die Farbe und färbt das Wasser blau, obwohl ihr nicht gerührt habt. Das liegt daran, daß sich das Wasser und die Farbe im Glas gleichmäßig verteilen wollen; deshalb mischen sie sich.

Obwohl die Steine viel fester und härter sind als Wasser und

Was ist »Lava«?
Lava nennt man den aus einem Vulkan ausfließenden glühenden Gesteinsbrei sowie das an der Luft erkaltete Gestein.

Was ist ein »Sediment«?

In unserem Beispiel ist das Blau der Wasserfarbe schwerer als das Wasser, deshalb wird es sich mit der Zeit am Glasboden absetzen.

Das Wasser ist dann immer noch blaßblau, aber am Grund dunkelblau. Die Farbe ist hier das Sediment, das sich am Grund absetzt.

Wasserfarben, geschieht mit ihnen das gleiche. Allerdings dauert es sehr viel länger, bis sich zwei Steinarten gemischt haben.

Zum Beispiel gab es da vor langer Zeit eine Muschel, die durch einen starken Sturm in eine Tongrube geweht worden ist. Die Muschel bestand aus sehr viel Kalk. Dieser Kalk hat sich nach und nach mit dem Ton vermischt. Der Ton ist hart geworden und die Form der Muschel erhalten geblieben. Sie wurde versteinert.«

»Solche Steine habe ich auch schon gefunden. Dann habe ich zu Hause Sedemi ..., wie heißt das?« rief Schlotterschotter, der vor Aufregung ganz rote Backen bekommen hatte. »Sedimentgesteine, das ist doch wirklich nicht schwer!« Wieder einmal hielt sich Kieselwiesel für klüger.

»Das ist gar nicht schlimm, wenn du dir den Namen nicht gleich merken kannst. Aber jetzt paß auf, denn es gibt noch eine Art von Gesteinen.«

Steinschlag fuhr mit seiner Erzählung fort. Es freute ihn, daß die beiden Freunde sich so sehr für Steine interessierten.

»Schließlich gibt es noch die metamorphosen Steine; sie sind durch Druck und Hitze in ihrer Struktur und Festigkeit verändert worden. Ursprünglich waren es erstarrte Steine oder Sedimentgesteine.

Das ist so, als würdet ihr einen Kuchen backen. Ihr nehmt Eiersteine, Mehlstaub, Buttermatsch und Zuckersand und verrührt alles kräftig. Zum Schluß kommt die Masse in einer Form in den Ofen und wird dort gebacken. Nach dem Backen ist ein fester Kuchen daraus geworden, der ganz andere Eigenschaften als die einzelnen Zutaten hat.«

»Ja, gut und schön«, sagte das Kieselwiesel. »Davon habe ich eine ganze Menge verstanden. Aber ich und Schlotterschotter wollen gerne noch wissen, warum manche Steine Kiesel und andere Schotter genannt werden.«

Der Große Steinschlag nickte dem Schlotterschotter gnädig zu, so daß der einen roten Kopf bekam.

»Unter Schotter versteht man grobe, gemischte Steinstücke. Da können auch Sand und andere zerbrochene Gesteinsmassen bei sein.

Geröll sind Steine, die lange im Wasser waren und deshalb ganz rund geworden sind. Sie haben fast keine Ecken und Kanten mehr. Diese Steine wer-

den vom Wasser durch das Flußbett geschoben und haben sich so ganz langsam aneinander rund gerieben. Kleines Geröll nennt man auch Kies, ein einzelner solcher Stein heißt Kiesel. Davon habt ihr bestimmt schon einmal etwas gehört.«

Der Schlotterschotter nickte. Endlich kam mal wieder ein Wort, das er kannte.
»So, jetzt muß ich aber wieder etwas tun. Geht mir lieber aus dem Weg.«
Das Kieselwiesel schrie: »Komm schnell!« Es sprang zur Seite und zog den Schlotterschotter mit sich weg, als auch schon die ersten großen Gesteinsbrocken herunter prasselten und neben ihnen auf die Straße fielen.
Auf dem Nachhauseweg fragte der Schlotterschotter:
»Hast du eigentlich alles verstanden?«
Das Kieselwiesel antwortete: »Na klar doch!«
Aber geglaubt hat ihm das der Schlotterschotter nicht.

Was ist eigentlich eine »Metamorphose«?
Eine Verwandlung. Wenn die Raupe zum Schmetterling wird, nennt man das eine Metamorphose.

Was bedeutet »Steinschlag«?
Von Gebirgshängen abrutschende Gesteinsbrocken, ähnlich einer Schneelawine im Frühling.

Was sind »Mineralien«?
Mineralien sind in allen Dingen und in allen Lebewesen der Erde. Die Menschen brauchen sie zum Leben, sie kommen wie die Vitamine besonders häufig in Gemüse und Obst vor. Sie sind so klein, daß wir sie nicht schmecken und nicht sehen können.

Steinerner Grund

Wochen später, als das Kieselwiesel und Schlotterschotter wieder einmal durch ihre Lieblingsplätze stromerten, fragte Schlotterschotter, wie es denn eigentlich komme, daß manche Steine oben im Gebirge lägen und manche unten im Tal. Das Kieselwiesel wußte es auch nicht. Aber natürlich wollte es das nicht zugeben. Es meinte: »Der Große Steinschlag kann so schön erzählen, laß uns ihn besuchen.«

Doch der Große Steinschlag war gerade so beschäftigt, daß er keine Zeit für die beiden Freunde hatte. Schlotterschotter und Kieselwiesel sollten am nächsten Tag wiederkommen. Bis dahin wollte der Steinschlag alles Wichtige über die Entstehung von Bergen und Tälern aufschreiben.

Am nächsten Morgen gab er den beiden eine Steintafel, auf der stand:

Durch die Einwirkung von vielen, teilweise sehr komplizierten Kräften bewegt sich die Erdkruste ständig. Wie ihr ja bereits gehört habt, war die Erde früher durch die große Hitze ständig in Bewegung.

Ihr müßt euch vorstellen, auf einem riesigen, reißenden Fluß schwimmt ein großer Baumstamm. Er wird durch das wilde Wasser getrieben. Irgendwann stößt er mit voller Kraft ans Ufer und drückt ein Loch in die feuchte Erde. Die Erde wird an dieser Stelle zusammengepreßt und schiebt sich nach oben in die Böschung. Die Böschung ist nun ein wenig höher als vorher, aber da kommt schon der nächste Baumstamm und schiebt noch ein bißchen. Im Laufe der Jahre stoßen mehr und mehr Bäume an dieselbe Stelle und irgendwann ist die Böschung am Ufer dieses Flusses höher geworden als die anderen. An der Stelle, wo die Bäume die Erde nach oben schieben, entsteht ein Loch, das sich sofort mit Wasser füllt. Das Wasser bringt Kiesel und Geröll mit sich. Diese Steine füllen nun nach und nach das Loch. Es ist ein Tal entstanden.

Wenn also die heiße, flüssige Masse unserer Erde der Fluß ist, auf dem die bereits großen, erstarrten Steine schwimmen, ist die Böschung der Berg, der mit der Zeit entsteht.

Diese langsamen Bewegungen sind mit dem Auge nicht zu erkennen. Die Entstehung der Alpen, des größten Gebirges in Europa, dauerte, kaum zu glauben, mehrere Millionen Jahre.

Durch eine Bewegung der Erdkruste von gerade mal einem Millimeter pro Jahr ist ein bis zu vier Kilometer hohes Gebirge entstanden!

Die Bewegungen der Erdkruste laufen natürlich nicht gleichmäßig alle Jahre wieder ab. In der Geschichte unserer Erdkruste wechselten ruhige und unruhige Perioden einander ab. Im Laufe von über drei Milliarden Jahren sind viele Gebirge entstanden und wieder abgetragen worden.

Das ist wie mit unseren Flüssen: Es gibt Zeiten, in denen haben sie Hochwasser, sind wild und schnell. Dann kommen Monate, in denen sie nur ganz wenig Wasser führen, das ruhig und langsam fließt.

Zum Schluß will ich euch noch ein Geheimnis erzählen.

In den Alpen findet man Versteinerungen von Meerespflanzen und Meerestieren. Das bedeutet, daß sich vor unzähligen Jahren dort einmal ein Meer befand, das langsam und stetig von den entstehenden Bergen verdrängt wurde. Das ist zwar unglaublich, aber trotzdem wahr.

Wenn ihr noch mehr über die Steine wissen wollt, besucht mich bald einmal wieder.

Viele Grüße von Eurem

Steinschlag

Gebirge sind Bergketten. Ein einzelner Berg wird nie Gebirge genannt.

Der höchste Berg Europas liegt in den Alpen. Es ist der Montblanc, der Weiße Berg, mit 4800 Metern Höhe.

Der höchste Berg der Welt ist der Mount Everest, benannt nach seinem Entdecker. Der Mount Everest ist über 3000 Meter hoch und liegt im Himalaya-Gebirge in Asien.

Was ist eine »Versteinerung«?

Ein Stein, in dem eine Pflanze oder ein Lebewesen einer vergangenen Zeit eingeschlossen wurde. Durch die Härte des Steines ist die Form als Abdruck heute noch erhalten.

Weshalb heißt es »steinreich« sein?

Es gibt Menschen, die so viel Geld haben, wie Steine zu finden sind.

Steinerne Spuren
Der Traum vom Stein

Schlotterschotter lag in seinem Bett und dachte nach. Er hatte in den letzten Tagen soviel Neues über Steine gehört, daß ihm schon ganz schwindlig wurde, wenn er nur an all die neuen Wörter dachte, die er gelernt hatte. Aber er war auch sehr stolz auf alles, was er jetzt schon wußte.

Immer wieder träumte er davon, wie er später als alter Schlotterschotter dem jungen Kullergeröll all diese Dinge erklären würde. Dann würde er der Kluge sein, zu dem die Kleinen immer kommen, wenn sie etwas wissen wollen. Doch als ihm endlich die Augen zufielen, überraschte ihn ein ganz anderer Traum, den er am nächsten Tag sofort Kieselwiesel erzählte:

Ein riesengroßer, harter Stein blickte sich stolz in seiner Umgebung um. Wohin er auch sah, nirgendwo konnte er einen größeren oder gar schöneren Stein als sich selbst entdecken. Es war mollig warm im Inneren des großen Berges, in dem er sich befand, und er fühlte sich so richtig pudelwohl.

Plötzlich erklang ein tiefes, furchterregendes Grollen. Gleichzeitig wurde es immer wärmer.

Noch lag der Stein an der Stelle, an der er immer gelegen hat. Doch er hatte das Gefühl, als wolle ihn jemand mit großer Kraft vorwärts schieben. Von allen Seiten spürte er Druck.

Jetzt war da wieder dieses furchterregende Grollen. Es wurde immer stärker, kam immer näher. Plötzlich wurde er mit vielen seiner Artgenossen immer weiter nach oben gedrückt. Zwischen ihn und die anderen Steine drückte sich eine klebrige, dunkelrote und heiße Masse. Die Geschwindigkeit nahm immer mehr zu. Er stieg höher und höher, bis auf einmal die heiße Masse verschwunden war. Um ihn herum war nur noch Rauch, dunkler, schwarzer Rauch.

Der große, alte Stein hatte jetzt das Gefühl, er schwebe bewegungslos in der Luft. Doch schon ging es wieder nach unten, immer schneller und schneller. Zuletzt schlug er mit einem fürchterlich lauten Knall auf eine harte Felswand. Dort zerbarst er in viele kleine Teile und rutschte zusammen mit unzähligen anderen Steinen an der Felswand herunter.

Was war nur aus dem großen Stein geworden!

Klein, kantig und zerklüftet ging es weiter bergab mit ihm. Viele seiner Artgenossen blieben auf dem Weg nach unten liegen, entlang der immer flacher abfallenden Felswand. Sie würden irgendwann von Menschen eingesammelt und als Baumaterial für Wege oder als Unterlage für Eisenbahnschienen eingesetzt werden. Die Menschen würden diese Steine später »Schotter« nennen.

Er selbst aber rutschte immer weiter die Felswand hinunter und fiel mit einem kleinen Plumps in einen Bach. Das ihn umschmeichelnde Wasser ließ im Laufe der Zeit seine Kanten verschwinden. Er wurde kleiner und kleiner, bis er irgendwann rundgeschliffen war.
Viele Steine neben ihm, die ihm immer mehr glichen, wurden irgendwann von Menschen eingesammelt und vielfältig eingesetzt.
Die Menschen schmückten Teile ihrer Gärten damit oder legten Wege mit ihnen an. Sie nannten den einzelnen runden Stein »Kiesel« und alle runden Steine zusammen »Kies«. In einer Mischung zusammen mit Sand, Zement und Wasser wurden die Kieselsteine zur Herstellung von Beton verwendet, mit dem dann Straßen, Plätze und Häuser gebaut wurden.
Der Stein aus den Bergen lag aber immer noch als Kiesel im Bach und wurde im Laufe von Jahrtausenden durch das Wasser immer kleiner geschliffen. Irgendwann wurde er mit dem Wasser weitergespült und erreichte einen großen Fluß. Jetzt wurde seine Reise immer schneller und er dabei noch kleiner. Zusammen mit vielen seiner Artgenossen landete er schließlich im Meer und wurde an Land gespült. Jetzt liegt er im Sand, läßt sich nachts vom Wasser kühlen und am Tag von der Sonne wärmen. Er fühlt sich wohl. Manchmal sitzen Menschen bei ihm und bauen große Burgen. Dann erinnert sich unser Stein an die Zeit, als er ein großer Stein in einem noch größeren Berg war.

Wieso sagt man zu Geld auch »Schotter« oder »Kies«?

In früheren Zeiten gab es Zahlungsmittel, die aus unterschiedlich geformten Gesteinsstücken bestanden.

Wer dann Geld wie Schotter oder Kies hatte, war reich

Ein paar dumme Sprüche

Kieselliesel

Liesel spielt mit Kiesel
Lore spielt lieber im Sand
Kiesel springt wie Wiesel
Lore springt über die Wand

Liesel liebt den Kiesel
Lore liebt einfach das Land
Kiesel mag Geriesel
Lore mag den festen Stand

Liesel hat den Kiesel
Lore hat ein buntes Band
Kiesel ist ein Stiesel
und er springt in Lores Hand

Gelotter Schotter

Der ganze Schotter
ist nur Gelotter.
Zu gehn auf Schotter
ist wie Gestotter.

Was macht der Dotter
dort auf dem Schotter?
Das macht den Schotter
ganz einfach flotter.

So wird der Schotter
- dieses Gezotter -
für einen Trotter
ein guter Schotter.

Marmorstein und ...

Marmorstein und Eisen
wollten mal verreisen.
Der Stein war schwer,
das Eisen lang,
die Reise kam gar nicht in Gang.

Marmorstein und Tiger
setzten mal auf Sieger.
Der Stein war hart,
der Tiger wild,
ihr Traum vom Sieg blieb unerfüllt.

Marmorstein und Manta
wollten eine Fanta.
Der Stein war zu,
der Manta blaß,
blieb unerreicht das edle Naß.

Eckart Bücken

Die Wiege der Ziegel

Schlotterschotter und Kieselwiesel verbrachten immer mehr Zeit beim Großen Steinschlag. Der konnte sich so richtig in Schwung reden. So auch heute, denn er erzählte und erzählte den ganzen Tag: »Schaut euch doch einmal die Städte an. Heute werden Hochhäuser aus Beton und Stahl in den Himmel gebaut. Allerdings ist Beton nicht besonders schön, sondern kalt und abweisend, und so sehen die Häuser auch aus.

Früher wurden die Häuser aus Ziegel gebaut. Der Ziegel gilt als warmer Stein. Wenn ihr ein Ziegelhaus seht, erzählt es euch vielleicht von alten Zeiten.

Seit fast dreitausend Jahren wird der Ziegelstein benutzt, um Häuser zu bauen. Das ist sehr lange her und die Häuser damals waren eher kleine Hütten, mit nur einem Raum. Die Römer haben später ganze Städte aus Ziegel gebaut. Im Mittelalter nutzten die Menschen die besonderen Eigenschaften des gebrannten Steins, um ihre Häuser in besonderem Maße zu schmücken und zu verzieren.

Seit damals gibt es viele Kirchen, die aus Ziegelsteinen erbaut sind. Zwischen Elbe und Weser, zwischen Weichsel und Ems, also in Norddeutschland entstanden damals Backsteinbauten, die Macht und Ansehen verkörperten und heute noch zu bewundern sind.

Am Anfang wurde mit Ziegeln gebaut, die von Hand geformt worden waren. In Öfen, die in unmittelbarer Nähe der Tongruben lagen, wurden die rohen, grob geformten Tonwürfel aufgeschichtet. Damit nicht zuviel Luft eindringen konnte, wurde dieser Kegel mit feuchtem Lehm bestrichen. In der Mulde wurde ein Feuer entfacht und so die Ziegel gebrannt oder gebacken; daher stammt auch der Begriff »Backstein«.

Doch das Formen der Ziegel von Hand entsprach schon bald nicht mehr den Anforderungen; es war einfach zu langsam und umständlich.

Also wurden hölzerne Formkästen erfunden und die schnelle Ziegelherstellung konnte beginnen. Der rohe Ton wurde in die Formen gedrückt, glatt gestrichen und anschließend gebrannt. Die so entstandenen Ziegel waren in ihrer Größe immer gleich. Das war eine große Hilfe für die Baumeister, die sich nun bei Entwurf und Planung ihrer Bauten von vornherein auf Materialien in bestimmten Größen einstellen konnten.

Dennoch wurden in den meisten Tongruben der damaligen Zeit Ziegel fast nur für den eigenen Gebrauch hergestellt. Ausgerechnet in einem Kloster in Hude bei Bremen wurden die Zeichen der Zeit erkannt und eine der ersten sogenannten Ziegeleien aufgebaut. Die Mönche von Hude backten weit über den Klosterbedarf hinaus rote Steine.

Seit dieser Zeit blühten Herstellung, Handel und Bau mit Ziegeln nicht nur in Bremen. Die meisten Backsteinbauten waren öffentliche Gebäude wie Kirchen und Rathäuser, denn die Ziegel waren und blieben recht teuer und nicht erschwinglich für den armen Mann. Erst nach langer Zeit gab es in den deutschen Städten mehr Ziegelhäuser zu sehen: Fabrikhallen, Eisenbahnschuppen, Postämter und Wohnhäuser.

Nach dem 2. Weltkrieg gerieten die schönen roten Ziegel in Vergessenheit. Die neuen Viertel der Großstädte mußten schnell und preiswert gebaut werden. Das neue Wundermittel nannte sich Beton, ein aus Wasser, Zement, Sand und Kies hergestelltes, graues Baumaterial, das sich in alle nur erdenkliche Formen gießen läßt. Die Städte wurden im wahrsten Sinne des Wortes grau in grau.

In den letzten 20 Jahren allerdings scheint das Interesse am roten Stein wieder zu erwachen. Neue Häuser entstehen aus Ziegel, weil die Menschen wieder schöne, warme Häuser haben wollen.

Ihr könnt noch viele Orte finden, in denen früher Ziegel gebrannt worden sind. Ihr erkennt sie an ihren Namen. Sie heißen Ziegelhütte, Ziegeldorf oder Ziegelhof.«

»Puh, das war aber eine anstrengende Geschichte«, sagte Kieselwiesel, als der große Steinschlag seine Erzählung beendet hatte.

»Mir ist es aber noch nicht zuviel«, widersprach Schlotterschotter, »ich will noch mehr wissen. Brauchen die Menschen die Steine noch für etwas anderes, Steinschlag?«

»Natürlich! Aber ich brauche eine Pause. Laßt uns ein paar Kiesel in Schlamm tauchen und sie essen, bevor ich weiter erzähle.«

Was bedeutet »Ziegelstein«?
Ein Ziegelstein ist ein aus Ton gebrannter rechteckig geformter Stein, der zum Bauen von Häusern oder Mauern eingesetzt wird.

Beton
ist zuerst flüssig und wird später sehr fest.

Steinerne Grenzen

Was ist ein »Grenzstein«?

Ein nach Ausmessen von Grundstücken (oder Ländern) gesetzter Markierungsstein.

Nach dem Essen erzählte Steinschlag weiter:

»Steine werden immer wieder zum Bau von Grenzen benutzt. So war Deutschland bis vor einigen Jahren geteilt. In der Stadt Berlin bildete ein großer Wall aus Beton die Grenze. Diese Grenze verlief mitten durch die Stadt und wurde »die Mauer« genannt.

Doch nicht nur Ländergrenzen werden durch Steine festgesetzt, auch die Grenzen zwischen Feldern oder Grundstücken sind oft mit Steinen markiert und die Ränder der Straßen mit Steinen eingefaßt.

Bevor die Menschen ihre Felder bestellten, also etwas säen oder pflanzen konnten, mußten sie oftmals erst die Steine von der Erde räumen. Sie legten diese an die Ränder ihrer Felder. Aus den Steinen entstanden Mauern, die Äcker und Wiesen begrenzten. Wunderbar sehen kann man dies heute noch auf der Insel Mallorca. Dort ist der Bau von Mauern aus purem Stein ohne Verbindungsmaterial auch heute noch eine große Kunst.«

»Das ist ja ganz interessant, aber ich würde viel lieber etwas über die wertvollen Stein hören, nicht über die Steine, die überall herumliegen. Weißt du etwas über Steine, die ich lange suchen muß, bis ich sie finde und wenn ich sie dann gefunden habe, mich richtig reich machen«, stotterte Schlotterschotter. Diese Frage beschäftigte ihn schon den ganzen Tag. Er hatte sich bis jetzt jedoch nicht getraut zu fragen, weil er den großen Steinschlag nicht unterbrechen wollte.

Edle Steine

»Das kann ich dir erzählen«, sprach das Kieselwiesel und setzte sich auf seinen Hintern. »Ich weiß nämlich, was Edelsteine sind. Also werde ich es dir jetzt erklären.

Obwohl der Begriff ›Edelstein‹ von Laien wie dir, aber auch von Fachleuten oft und gerne verwendet wird, stellt er sich bei genauerer Betrachtung als nicht ganz richtig heraus.«

»Weil jeder Stein ein Edelstein ist?« Der Schlotterschotter stellte sich dümmer als er war, denn er wußte, wie sehr das seinem Freund gefallen würde.

»*Nein, natürlich nicht, du Dummerjan. Steine sind nur ein Gemisch von verschiedenen Mineralien, und alle lose auf der Erdkruste herumliegenden Teile werden Steine genannt, ganz egal, ob es nun Kieselsteine oder Granitbrocken sind. Das weißt du doch schon. Die sogenannten Edelsteine sind Minerale, die sich durch drei besondere Eigenschaften auszeichnen.*
Die wichtigste dieser Eigenschaften ist die äußere Schönheit, ausgezeichnet durch eine reine, klare Farbe, starken Glanz und kräftiges Feuer ...«
»*... was hat denn Feuer mit Steinen zu tun?*« *unterbrach der Schlotterschotter.*
»*So nennt man das nun mal, wenn ein Stein besonders schön funkelt. Auch besondere Lichteffekte wie zum Beispiel das Farbenspiel im Licht können ein Mineral zum Edelstein machen. Also, besondere Schönheit ist eine unabdingbare Voraussetzung für die Einstufung eines Minerals als Edelstein.*
Die zweite besondere Eigenschaft ist die Härte dieser Minerale. Sie müssen Angriffen von außen, wie zum Beispiel Wettereinflüssen, möglichst großen Widerstand entgegensetzen. Genau durch diese Eigenschaft sind uns sehr viele Edelsteine erhalten geblieben.
Die dritte wichtige Eigenschaft ist die Seltenheit eines Minerals, man spricht dann vom Seltenheitswert. Weil sie so selten sind, sind sie besonders teuer und wertvoll.«

»*Ach, deshalb nennt man sie Edelsteine*«, *unterbrach Schlotterschotter schon wieder,* »*weil sie so selten vorkommen und so schön sind. Die Menschen wollten diesen Steinen einen besonderen Namen geben und haben sich deshalb das Wort Edelstein ausgedacht. Edel bedeutet ja soviel wie besonders schön.*«
»*Genau so ist es. Du solltest also in Zukunft genau unterscheiden zwischen Schmucksteinen und Edelsteinen. Beide werden zur Herstellung von Schmuck verwendet, aber nur die richtig teuren Steine haben den Namen Edelstein verdient.*«
Befriedigt legte sich das Kiesel-

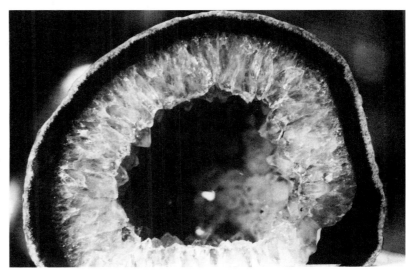

wiesel zurück und ließ seine klugen Worte wirken. Doch der Schlotterschotter hatte noch eine letzte Frage: »Kennst du denn ein paar ganz besonders schöne Edelsteine?«

Einige klangvolle Namen von Edelsteinen:

Opal
Tigerauge
Rubin
Saphir
Malachit
Zirkon
Topas
Turmalin

»Klar kenne ich die. Aber sie haben so schwierige Namen, daß ich mir nur ganz wenige merken konnte.

Zum Beispiel der Lapislazuli. Er ist himmelblau, glatt und mit goldenen Tupfern versehen. Man sagt ihm nach, er stärkt die Phantasie, also such' dir ruhig einen.

Beim Achat sind alle Farbtöne möglich. Er ist meistens gestreift und durchscheinend bis undurchsichtig. Er soll heilende Wirkung bei Schlangen- und Skorpionbissen haben. Legst du ihn beim Schlafengehen unter dein Kopfkissen, dann bringt dir der Achat die wundervollsten und einmaligsten Träume.

Als letztes konnte ich mir noch den Bergkristall merken. Wenn es richtig heiß ist und du ihn dir um den Hals hängst, soll er dich kühlen.«

Damit beendete das Kieselwiesel das Gespräch und ging los, um ein paar schöne und leckere Kiesel zu finden.

Diamanten haben glitzerndes Feuer

Eines Tages badete das Kieselwiesel wieder einmal im Steinsee, da hörte es in der Ferne den Schlotterschotter singen. Es war zwar mehr ein Brummen als Singen, doch neugierig wuselte sich das Kieselwiesel nahe an den Schlotterschotter heran und hörte ihn summen:

»Der Diamant, der Diamant,
der ist beliebt im ganzen Land.«

»Was brummst du denn da?«

»Ach, nichts«, sagte der Schlotterschotter.

»Nun komm schon, sag's mir.«

»Ich war eben beim Großen Steinschlag und habe mir etwas über Diamanten erzählen lassen. Die hattest du ja vergessen.«

»Ich und vergessen. Ich fand sie einfach nicht so wichtig.«

»Vielleicht sind sie ja auch nicht wichtig. Aber ich weiß jetzt etwas von ihnen.«

»Ich bin zwar nicht wild darauf, das zu erfahren. Aber wenn du unbedingt erzählen willst, dann höre ich dir zu.«

»Na gut. Also: Diamanten sind vor langer Zeit unter sehr hohem Druck und hoher Temperatur entstanden. Wie der Kuchen, den wir im Ofen backen. Sie bestehen aus reinem Kohlenstoff und sind als der härteste aller Steine bekannt. Ihre Farbe geht von farblos durchsichtig wie Fensterglas über gelb, grün, blau bis rot. Die gelblichen Diamanten sind weniger wertvoll. Die schönen grünen und blauen Diamanten zählen jedoch zu den wertvollsten und berühmtesten Edelsteinen. Der hohe Glanz und das glitzernde »Feuer« von geschliffenen Diamanten zeichnet sie aus. Der Diamant gilt als fast unzerstörbar, kann aber bei sehr großer Hitze verbrennen, ohne Asche zu hinterlassen. Das ist komisch, nicht?

In Südafrika befindet sich das größte Diamantvorkommen. In sehr alten Vulkankratern, die mit uralten Steinen gefüllt sind, wird nach den Diamanten gesucht. Um ein Gramm zu finden, müssen mehr als 20 Tonnen Gestein gebrochen werden!«

»Waouh!« Das Kieselwiesel war so beeindruckt, daß es sein Vorhaben, baden zu gehen, ganz vergaß. »Weiter!«

Schlotterschotters Augen glänzten vor Freude, weil sein Freund ihm so genau zuhörte.

»Der größte, je gefundene Diamant heißt »Cullinan«. Sein Gewicht beträgt 3024 Karat. Karat ist die für Edelsteine festgelegte Gewichtseinheit. Wasser mißt man in Litern und Diamanten eben in Karat. Auch in der Technik haben Diamanten eine sehr große Bedeutung. Die für Schmuck ungeeigneten Diamanten werden zum Glasschneiden, als Bohrkronen für Erdbohrungen und in der Metallindustrie eingesetzt. Viele Menschen haben in ihrem Plattenspieler einen Diamanten als Nadel.

Vor nicht allzu langer Zeit ist es auch gelungen, Diamanten künstlich herzustellen. Dazu ist eine Temperatur von mehr als 1300 Grad nötig. Diese Diamanten werden ebenfalls für Industriezwecke eingesetzt, da sie für die Schmuckherstellung nicht schön genug sind. Uff, jetzt weiß ich aber nichts mehr!«

»Das war auch wirklich genug, toll.«

Diamanten werden auch in Kongo, Borneo und in Brasilien gefunden.

Weitere berühmte Diamanten:
Orlow, Kohinoor, Hope und Großmogel.

Das Gewicht der Diamanten wird in Karat gemessen. Dabei sind 1 Karat genau 0,2 Gramm.

Das Lied vom Diamanten

*Der Diamant
schmückt deine Hand
und du bist reich
vielleicht ein Scheich*

*Der Diamant
war einmal Sand
der wurde heiß
glüht rot und weiß*

*Der Diamant
aus fernem Land
hat viel Karat
und du machst Staat*

*Der Diamant
raubt den Verstand
so manchem hier
drum hüt ihn dir*

(Dieses Lied kann nach der Melodie von »Ein Vogel wollte Hochzeit halten ...« gesungen werden. Dann wird nach den vier Zeilen jeweils »Fiderallalla« gesungen.)

Leben im Stein

»Bitte, bitte, noch eine kleine Geschichte von Steinen. Eine einzige nur noch.«

Kieselwiesel und Schlotterschotter saßen bereits seit Stunden vor dem Großen Steinschlag und bettelten. Er machte wie immer ein mürrisches Gesicht, war aber hocherfreut, sein Wissen zum Besten geben zu können. Eine Weile ließ er sich noch bitten, dann begann er.

»Aber nur noch eine ganz kurze Geschichte. Es wird bald dunkel und ihr solltet eigentlich schon auf dem Nachhauseweg sein.

Also: Eines der größten Geheimnisse in unserer Welt ist das Leben im Stein. Dazu muß ich euch vom Bernstein erzählen, einem schönen Stein, dem nur eine Eigenschaft fehlt, ein Edelstein zu sein. Ihm fehlt die Härte, er ist zu weich.

Der Bernstein hat gelbliche bis braune, sehr warme Farben. Er ist durchsichtig, manchmal auch trüb und wie andere Edelsteine sehr selten zu finden.

Einer der Geburtsorte des Bernsteins liegt an der Ostsee. Dort ist aus der Bernsteinfichte flüssiges Harz ausgeflossen und im Boden versickert. Im Laufe von Jahrtausenden wurde es dort versteinert. Oft wurde es zusammen mit abgestorbenen Bäumen oder Tieren im Boden eingeschlossen. Im Laufe der Zeit wurde der Bernstein in großen Mengen über die Erde geschoben. Dabei ist er immer wieder auseinandergebrochen und in kleineren Stücken an den verschiedensten Orten liegengeblieben.«

Der große Steinschlag legte eine kunstvolle Pause ein. Dann hob er die Stimme, was nichts anderes bedeutete, als das jetzt etwas sehr Wichtiges folgte.

»Eines der größten Wunder«, fuhr er fort, »sind die sogenannten Einschlüsse. Ihr müßt euch vorstellen, daß das Harz kleine Tiere ganz überraschend überrollte und umschloß. Die Tiere konnten sich nicht mehr befreien und starben auf der Stelle. Der Bernstein versteinerte und hob so das vollständig erhaltene Tier für uns auf.«

»Waouh!« machte das Kieselwiesel. »Weiter!«

»Nun könnt ihr euch auch vorstellen, daß der Wert der einzelnen Bernsteine überwiegend mit diesen Insekteneinschlüssen zusammenhängt. Je älter und schöner die eingeschlossenen Tiere sind, desto wertvoller ist der Bernstein.«

Wie groß sind Bernsteine?

Das größte je gefundene Stück soll 6750 Gramm gewogen haben. Das ist mehr, als ein neugeborenes Baby wiegt.

Der große Steinschlag beendete seine Geschichte und meinte, daß jetzt aber wirklich Zeit wäre, nach Hause zu gehen. Kieselwiesel und Schlotterschotter seufzten. Sie verabschiedeten sich und schlenderten langsam los. Unterwegs erzählten sie sich gegenseitig die Neuheiten, die sie heute erfahren hatten, so als ob sie diese Dinge schon lange gewußt hätten.

Wir sind steinreich

Wertvolle Steine

*Stein ist billig,
wird gesagt.
Ist der Baum billig,
weil er gefällt werden kann?
Ist das Reh billig,
weil es erjagt werden kann?*

*Stein ist wertvoll,
auch wenn er gefunden wird,
auch wenn er gebrochen wird.
Stein gibt sich uns.
Wir müssen ihn nur schätzen
können.*

Kiesel und Schotter werden steinreich

»Können wir denn nicht noch etwas anderes mit den Steinen machen?« Kieselwiesel quengelte schon seit einer ganzen Weile. Doch der große Steinschlag war heute sehr beschäftigt und hatte keine Zeit, stundenlange Erklärungen abzugeben. Aber Kieselwiesel ließ nicht locker und Steinschlag gab dann doch nach. Wer hätte auch solchen Kulleraugen widerstehen können!

»Also gut«, polterte er los. »Ihr könnt die Steine essen. Ihr könnt sie sammeln und eine Ausstellung damit machen. Wenn ihr sie anmalt, könnt ihr sie euren Freunden zum Geburtstag schenken. Ihr könnt Häuser damit bauen, Tunnel, Burgen oder was euch sonst noch einfällt. Außerdem könnt ihr damit spielen, aber das ist ja nicht so wichtig.«

»Spielen ist nicht so wichtig?« Der Schlotterschotter war außer sich. Wie konnte der große Steinschlag nur so etwas sagen!

»Aber genau nach Spielen haben wir gesucht. Das ist wichtig! Spielen hält uns jung, fit, frisch und läßt der Phantasie freien Lauf ...«

»Ist ja schon gut«, unterbrach der Steinschlag. »Ich habe euch gesagt, daß ich wenig Zeit habe. Also geht jetzt los und sucht viele, viele Steine: kleine, große, bunte, einfarbige, glatte, rauhe, runde und eckige. Morgen werde ich euch dann ein paar Spiele erklären, die ihr mit euren Steinen spielen könnt. Und jetzt paßt auf. Zum Schluß erzähle ich euch noch etwas über das Suchen von Steinen.«

... wie Steine am Meer

»Am einfachsten ist das Steinesuchen am Meer. Alle Küsten, wenn sie nicht gerade aus Sand bestehen, sind steinig. Was du da alles finden kannst!

Da gibt es ganz dunkle oder rote, vom ewigen Wasser rundgeschliffene und so weiter. Es gibt Steine, die aus mehreren, verschiedenfarbigen Schichten bestehen. Manchmal findest du auch versteinerte Muscheln. Ich habe einmal zweifarbige Steine gefunden mit einer roten und einer blauen Schicht. Das waren wahrscheinlich kleine Stückchen von irgendeinem Haus, einer Mauer, einer Wand mit Fliesen oder ähnlichem.

*Aber ihr braucht nicht ans Meer zu fahren, um Steine zu finden.
Geht in den Wald und ihr werdet an Wegen oder Hügeln Steine
entdecken. Geht in einen Park und ihr findet ganz aus Kieseln oder
Schotter ausgelegte Wege. Geht an einen Bach oder Fluß und ihr
stoßt auf einen wahren Reichtum an Steinen. Oder ihr geht durch
das Dorf hinter dem Wald. Da werden Häuser aus Steinen gebaut.
In Gärten müßt ihr vielleicht ein wenig in der Erde buddeln. Steine
findet ihr immer und überall!«*

*»Super!« Der Steinschlag hatte noch nicht ausgesprochen, da war
das Kieselwiesel schon auf den Beinen. »Ich gehe jetzt gleich Steine
suchen. Kommst du mit, Schlotterschotter? Tschüß, bis morgen. Du
wirst dich wundern, wieviele Steine ich bis dahin gesammelt habe.«
Der letzte Satz war kaum mehr zu hören, weil das Kieselwiesel schon
um die Ecke gebogen war. Schlotterschotter stand auf und verab-
schiedete sich ebenfalls. Dann machte auch er sich auf den Weg. Er
hatte es nicht eilig, wußte er doch genau, daß Kieselwiesel im Steinsee saß und nach Steinen tauchte.*

Der Schatz wird untersucht

*Am Abend saßen die beiden Freunde vor einem riesigen Haufen von
Steinen. Kieselwiesel hatte vor lauter Glück ganz rote Backen. Er
konnte kaum stillsitzen, so aufgeregt war er. Was würde wohl der
große Steinschlag zu diesem Steinschatz sagen.*

»Laß uns mal nachsehen, was wir alles für Steine haben.«

*»Aber du machst doch seit einer Stunde nichts anderes!« Schlotter-
schotter schüttelte den Kopf. »Na gut, ich werde sie mit dir zusammen durchsehen. Hmm, was haben wir da denn alles?*

*Das hier sind Kieselsteine, fingernagelklein bis faustgroß, die mei-
sten in verschiedenen Grautönen. Es gibt ein paar kreisrunde und
viele ovale. Schau, der sieht aus wie ein Ei. Manche haben eine harte
Oberfläche mit vielen winzigen Löchern.*

*Das da sind Sandsteine. Die gibt es in den verschiedensten Größen
und Formen. Sie sind erdfarben, also gelb bis braun und haben eine
rauhe Oberfläche. Von manchen kannst du Sandkörner abreiben.*

*Schau, Quarze kommen in allen Größen vor. Die Formen und Ober-
flächen sowie die Farben sind sehr vielfältig. Aber das hervorste-
chende Merkmal ist die glatte Oberfläche, die wie lackiert aussieht.
Schottersteine haben wir ganz wenige, nur hier sind einige. Sie sind
meist einfarbig rot bis dunkelgrau und eckig mit vielen Kanten.*

Wenn du einen Stein findest,
den du nicht einordnen
kannst, nimm ihn mit. Vielleicht weiß einer von deinen
Freunden oder aus der Fami-
lie, was es für ein Stein ist und
wie er heißt. Außerdem gibt es
Bücher, die dir helfen können,
zum Beispiel Bestimmungs-
bücher.

Außerdem besitzen sie eine rauhe, porige Oberfläche.
Ziegel ist rot oder braun, manchmal auch grau und quaderförmig, ähnlich wie eine Schokolade, aber dicker. Auch seine Oberfläche ist meist rauh, manchmal aber auch lackiert. Wo hast du diesen Ziegel her? Der sieht ganz neu aus.
Die Kalksteine hast du bestimmt im See gefunden. Die haben echt tolle Formen mit vielen Falten, Einkerbungen und Mulden. Die meisten sind weiß bis hellgrau. Schau mal, die sind ja leicht.
Du hast schon recht, Kieselwiesel. Dein Steinschatz ist echt stark. Ich glaube, wir sollten uns morgen eine Schatzkiste für die Steine bauen. Abgemacht? Gut. Dann schlaf ich jetzt. Gute Nacht. Und schau' die Steine nicht mehr so lange an, sonst fallen dir am Ende noch die Augen aus dem Kopf.«

Verspielte Steine

Steintausch

Die Kinder laufen los und sammeln die schönsten Steine, die sie finden können. Das kann ruhig eine Weile dauern. Jeder bekommt ein Eckchen im Raum oder einen Platz an einem Tisch und breitet dort seine Schätze aus.

Jetzt dürfen die Kinder herumgehen, sich die Steine der anderen anschauen und, wenn sie wollen, Steine tauschen. Vielleicht spenden ja auch alle je einen Stein. Dann wird eine Versteigerung durchgeführt. Für die dort dargebotenen Steine darf alles angeboten werden, nur kein Geld. Denkt euch etwas aus!

Anzahl:
ab 2 SpielerInnen

Alter:
ab 4 Jahren

Material:
für jedes Kind einige schöne Steine

Zeit:
mindestens 20 Minuten

Ort:
überall

Schmeichler

Jedes Kind sucht sich einen Schmeichler.

Das ist ein ganz besonderer Stein, obwohl er gar nicht so aussieht. Er ist wohlgerundet, wahrscheinlich ein Kiesel. Er paßt genau in die geschlossene Faust, schmiegt sich dort an. Wenn die Kinder ihn finden, ist er kalt. Aber in der Hand erwärmt er sich, nimmt die Körperwärme langsam und behutsam auf. Ohne daß er bewegt wird, merken die Kinder, wie er immer wärmer wird. Sie reiben ihn leicht, machen sich mit seiner gesamten Oberfläche vertraut. Sie brauchen nicht hinzuschauen. Fühlen ist ausreichend. Die Kinder ertasten die Rundungen, die sanften Mulden.

Nun ist es ihr Stein geworden. Es ist nicht mehr irgendeiner. Legen die Kinder ihn aus der Hand und nehmen ihn wieder auf, werden sie merken, daß ihre Hand sich an ihn erinnert. Jetzt wird ihn kein Kind mit einem anderen Stein tauschen wollen. Der Stein schmeichelt ihnen, als würde er sie behutsam streicheln.

Werden die Kinder ihm einen Namen geben?

Anzahl:
ab 1 SpielerIn

Alter:
ab 3 Jahren

Material:
pro SpielerIn: 1 schöner, glatter Stein

Zeit:
mindestens 5 Minuten

Ort:
überall

Annäherungsversuche

✦ Nimm in jede Hand einen Stein und schlage beide leicht gegeneinander.
Wie klingt das? Wenn du zwei Kiesel nimmst, klingt es ganz anders, als wenn zwei Sandsteine zusammenschlagen.

✦ Kratz mit dem Fingernagel an einem Stein.
Läßt sich etwas lösen, vielleicht ein Sandkorn? Oder widersteht die Oberfläche deinen Versuchen?

✦ Schau dir einen besonderen Stein ganz genau an.
Was findest du so schön? Was gefällt dir an ihm? Ist es die Form, die Oberfläche, die Farbe? Sind es Besonderheiten?

✦ Jetzt betrachte einen Stein, der dir überhaupt nicht gefällt. Dreh und wende ihn, achte auch auf Kleinigkeiten.
Bleibt er häßlich oder verändert sich dein Gefühl für ihn?

✦ Laß einen Stein fallen.
Wie klingt das?
Laß ihn an einer anderen Stelle fallen.
Klingt das gleich auf Gras wie auf Erde, auf Stein wie auf Holz? Woher kommen die Unterschiede?

✦ Leg einen Stein auf den Tisch. Nun bringe den Tisch ein wenig zum Wackeln.
Bleibt der Stein flach liegen? Wackelt er auch? Gibt er dabei Töne von sich? Wieso? Kannst du die Töne verändern?

✦ Leg alle deine Steine auf den Tisch. Ordne sie einmal nach der Größe, ein anderes Mal nach Farben, dann nach ihrer Art.
Was paßt zusammen und weshalb? Gibt es Einzelgänger?

✦ Bau einen Turm aus deinen Steinen.
Welche passen übereinander? Nimmst du nur die flachen? Lassen sich die runden und eckigen wirklich nicht verbauen?

✳ Nimm in jede Hand einen Stein. Wiege sie.
Kannst du feststellen, welcher leichter und welcher schwerer ist? Gibt es gleiche Größen mit unterschiedlichen Gewichten? Gibt es unterschiedliche Größen mit ähnlichem Gewicht?

✳ Wirf auf freiem Gelände Steine weit weg. Beobachte die Kurve ihres Fluges.
Fallen sie schnell auf die Erde? Oder können sie der Anziehungskraft der Erde besser trotzen?

✳ Du bist den Steinen näher gekommen.
Kannst du sie jetzt einfach wegwerfen? Geht das ganz leicht, oder ist es schwer? Geht es gar nicht? Wie erklärst du dir das?

Die Anziehungskraft der Erde

Ein Stein sucht immer den kürzesten Weg zurück zur Erde (also paß auf, daß er dir nicht auf den Kopf fällt!). Der Grund dafür ist nicht die Lust des Steines zu fallen, sondern die Anziehungskraft der Erde.

Die große Masse der Erde bewirkt, daß alle Gegenstände und Lebewesen auf sie fallen.

Du kennst das ja von der Treppe her. Es zieht dich immer nach unten, so sehr du auch nach oben hüpfen möchtest. Man nennt diese Kräfte Schwerkraft oder Erdanziehungskraft.

Handspiel

Anzahl:
ab 2 SpielerInnen

Alter:
ab 4 Jahren

Material:
3 verschiedene Steine

Zeit:
mindestens 10 Minuten

Ort:
überall

Alle Kinder setzen sich in einen Kreis. Ein Kind zeigt einen Stein, erklärt »das ist Katrin«, und reicht ihn der Nachbarin. »Katrin« darf befühlt und angeschaut werden und wandert im Kreis herum, bis sie wieder beim ersten Kind angekommen ist. Dieses nimmt einen zweiten Stein und sagt: »Das ist Rico.« Wieder wandert der Stein einmal im Kreis herum und wird weggelegt. Zuletzt stellt das Kind »Susi« vor.

Nachdem auch sie von allen betastet und beäugt worden ist, bittet es die anderen, die Augen zu schließen. Es gibt jetzt wiederum die drei Steine im Kreis herum. Die Kinder sollen feststellen, wann sie Rico, Susi oder Katrin bekommen. Erst wenn alle drei Steine von ihnen weitergegeben worden sind, dürfen sie die Augen öffnen. Die Steine werden durchgereicht, dann legt das Kind sie hintereinander auf den Boden. Die anderen können nun feststellen, ob sie den Steinen die richtigen Namen zugeordnet haben.

Steinglas

Anzahl:
ab 2 SpielerInnen

Alter:
ab 4 Jahren

Material:
viele Kiesel, 1 Glas mit Korkverschluß

Zeit:
mindestens 5 Minuten

Ort:
überall

Ein Kind nimmt ein Glas, das oben mit einem Korken zu verschließen ist. Außerdem braucht es Steine, die gerade noch durch die Öffnung passen. Es füllt das Glas vollständig und zählt die Steine dabei ab. Danach wird es für die anderen sichtbar in die Mitte des Raumes gestellt.

Jetzt raten alle, wieviele Steine sich im Glas befinden. Sie dürfen es sich von allen Seiten anschauen.

Dann nehmen alle das Glas einmal in die Hände.

Die Kinder sollen schätzen, wie schwer das Steinglas ist.

Wer die richtigen Zahlen nennt, hat einen kleinen Preis verdient. Vielleicht einen »Elbkiesel«? (Das sind kleine Leckereien, die wie echte Steine aussehen.)

Variation:
Schöner gerade für kleine Kinder: In der Mitte stehen noch zwei oder drei andere Gegenstände und es soll geschätzt werden, welche schwerer als das Glas sind und welche leichter. Dabei können die Gegenstände ruhig merkwürdig sein, etwa ein Staubsauger, ein Stück Stahl, ein Riesenkarton mit Papierschnipseln und so weiter.

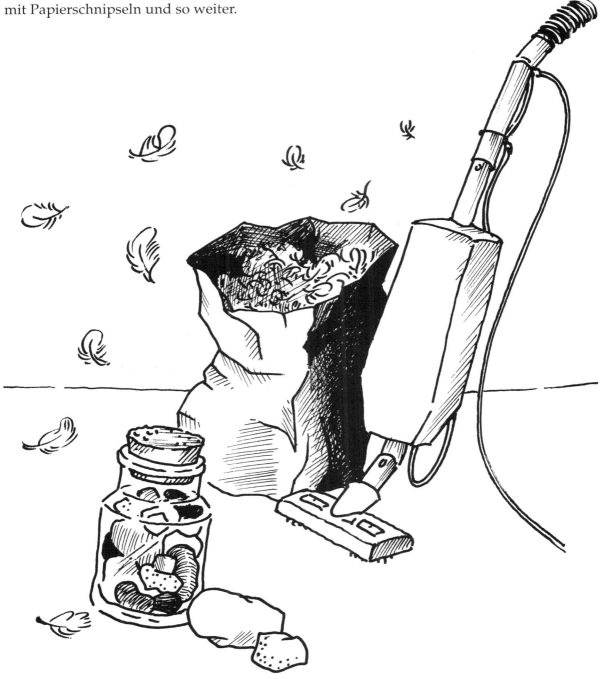

Steinweise

Anzahl:
ab 2 SpielerInnen

Alter
ab 5 Jahren

Material:
viele unterschiedliche Steine

Zeit:
mindestens 15 Minuten

Ort:
überall

Alle Kinder wollen mehr über Steine wissen. Dazu gibt es jetzt die Gelegenheit, wenn wir sie zu »Steinweisen« machen. Jeder sucht sich einen besonderen Stein aus, den er der Gruppe präsentieren will: Ziegel, Kiesel, Pflastersteine, vielleicht sogar Betonstücke oder Kacheln.

Sie gehen los und fragen allen Menschen, denen sie begegnen, Löcher in den Bauch. Irgendwann wissen sie alles, was sie wissen wollen.

Nach einer festgesetzten Zeit treffen sich alle wieder. Jeder Weise zeigt seine Steine und erzählt, was er darüber erfahren hat.

Natürlich können sich die Kinder auch allerlei Quatsch ausdenken. Zum Beispiel findet ein Kind den Stein, mit dem David den Goliath getroffen hat. Oder es besitzt den großen Diamanten des Zauberers Quiselwiesel, der die Kraft hat, sich in einen normalen Kiesel zu verwandeln, damit ihn die böse Hexe Steinerlei nicht entdeckt.

Im Steinzoo

Anzahl:
ab 1 SpielerIn

Alter:
ab 4 Jahren

Material:
viele Kiesel und Steine, Zweikomponentenkleber oder Spachtelmasse, evtl. Wasserfarben und Lack

Zeit:
mindestens 5 Minuten

Ort:
überall

Die Kinder basteln aus den unterschiedlichsten Steinen einen Steinzoo. Sie können ihn später in ihr Zimmer stellen und von allen Besuchern bewundern lassen.

Was gehört zu einem Steinzoo?
Vielleicht ein Zebra: Der Körper wird abwechselnd aus weißen und schwarzen Steinen an deren breiten Seiten zusammengeklebt. Ein dunkler, länglicher Stein bildet mit zwei kleinen hellen den Kopf mit den Ohren, vier gleichlange, schmale Steine werden zu Beinen und ein länglicher Stein formt den Schwanz.

Oder ein Elefant: Ein großer, runder und ziemlich dicker Stein dient als Körper, ein kleiner runder Stein als Kopf. Der bekommt noch zwei flache Steine als Ohren und einen länglichen, gebogenen Stein als Rüssel angeklebt. Vier dicke Beine hat ein Elefant auch.

Sicher fallen den Kindern noch eine ganze Menge Tiere für den Zoo ein. Vielleicht hat sich sogar ein Dinosaurier dorthin verirrt. Und was ist mit den Delphinen? Die könnten doch prima in einem schönen, großen Steinsee schwimmen.

Noch witziger und spannender ist ein Zoo der unbekannten Tiere! Jedes Kind baut einfach aus Steinen ein Tier seiner Phantasie. Dem Tier wird natürlich ein Name gegeben, etwa Morabe, Grissel oder Elette.
Zum Schluß setzen sich alle Kinder in einen Kreis rund um den Zoo der unbekannten Tiere und jedes Kind stellt seinen Liebling vor.
Lachen und Klatschen ist erlaubt!
Wer will, kann die Tiere mit Wasserfarben bemalen und anschließend lackieren, damit die Farbe nicht gleich wieder abgeht.

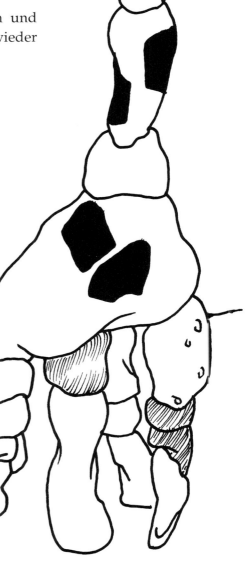

Steinschmuck

Anzahl:
ab 1 SpielerIn

Alter:
ab 4 Jahren

Material:
viele, kleine, hübsche Kiesel, Draht, Beißzange, Lederbänder, evtl. Wasserfarben und Lack

Zeit:
mindestens 15 Minuten

Ort:
überall

Die Kinder suchen sich einen bis drei schöne Steine heraus. Diese Steine werden nun einzeln mit dem Draht umspannt, als seien es Geschenke (siehe Abb.). Das Lederband wird auf die Länge einer Kette geschnitten, die von den Kindern über den Kopf gezogen werden kann. Daran wird der Draht mit dem Stein nun befestigt. An einem Lederband sollten höchstens drei Steine hängen.

Außerdem können wir mit schönen Steinen Blumentöpfe verzieren oder die natürliche Form eines Steines durch Farben so hervorheben, daß eine Figur dabei entsteht. Auch können wir mit Spachtelmasse lustige Figuren bauen.

Fußsteine

Anzahl:
ab 1 SpielerIn

Alter:
ab 4 Jahren

Material:
viele runde Kiesel und Steine, mehrere flache Wannen

Zeit:
mindestens 10 Minuten

Ort:
im Freien

Wie wäre es mit einer wunderbaren Massage für alle kleinen und großen Füße?

Dazu suchen die Kinder runde Kiesel und verteilen sie in die verschiedenen Wannen oder Kisten, die vorbereitet wurden (siehe unten).

Die Kinder ziehen ihre Schuhe und Strümpfe aus, steigen in die Wannen und laufen auf den Steinen herum.

Wer sich traut, schließt die Augen und läßt sich von einem anderen Kind führen. So ist es besonders spannend zu erfahren, welche Eigenschaften die Steine in der nächsten Wanne haben.

Es gibt viele Möglichkeiten, die Steinwannen zu gestalten:
- → mit normalen Steinen
- → mit geölten Steinen
- → mit im Backofen erwärmten Steinen
- → mit Steinen, die auf Eiswürfeln liegen
- → mit Steinen zwischen Sand oder Erde
- → mit Steinen im Wasser
- → mit Steinen unter einem dicken Samtstoff

Schatzkiste

Die Kinder nehmen ihren Schuhkarton und bekleben ihn mit dem bunten Papier. Dazu können sie Kreppapier, Transparentpapier oder auch Tonpapier verwenden. Sämtliche glitzernden Kleinigkeiten können sie auf ihre Schatzkiste kleben. Sind die Schachteln und Deckel schön verziert, lassen die Kinder sie gut trocknen, bevor die Kisten in Gebrauch genommen werden.

Anzahl:
ab 1 SpielerIn

Alter:
ab 3 Jahren

Material:
für jedes Kind 1 Schuhkarton, buntes Papier, Klebstoff, Schere, evtl. glitzernde halbe Perlen aus dem Bastelgeschäft

Zeit:
mindestens 20 Minuten

Ort:
überall

Ein Steinmosaik

Der Schlotterschotter und das Kieselwiesel flitzen los. Ein Steinmosaik sollen sie legen, hat der Große Steinschlag vorgeschlagen, ein Bild ganz aus Steinen. Eine tolle Idee, waouh! Doch als sie zwischen all den unterschiedlichen Steinen stehen, schauen sie sich nachdenklich an.

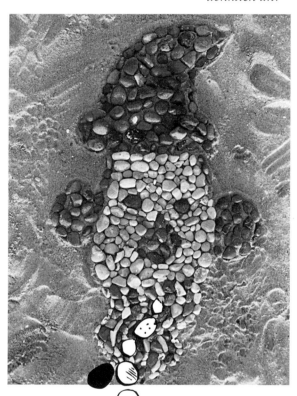

»Was für ein Bild wollen wir denn zusammen legen?« fragt das Kieselwiesel und steckt sich schnell ein leckeres Steinchen in den Mund. Der Schlotterschotter brummt:
»Wenn du alle Steine auffrißt, bevor wir sie hinlegen, wird es wohl ein ziemlich kleines Bild werden!«
Dann dreht er sich mehrmals um sich selbst und zeigt schließlich auf einen großen Steinhaufen:
»Siehst du den großen Felsen dort hinten? Er sieht doch aus wie ein Zwergenkopf. Die große Nase mitten im Gesicht, eine Zipfelmütze auf dem Kopf und der untere Teil sieht aus wie ein langer Bart. Was meinst du, ob wir das hinbekommen?«
Das Kieselwiesel schaut eine Weile nachdenklich auf den Felsen, dann meint es:
»Versuchen können wir's ja mal. Steine gibt es genug hier.«
»Wenn du nicht ...,« brummt der Schlotterschotter.

Als erstes legen sie den Umriß des Zwergenkopfes, den äußeren Rand, aus dunklen, etwa gleichgroßen Steinen in den Sand. Beide sind mit diesem ersten Ergebnis, als sie es sich aus einiger Entfernung betrachten, schon ganz zufrieden.

»Und jetzt, was machen wir jetzt als nächstes?« fragt Schlotterschotter.

»Laß uns doch die große Nase legen.«

Gesagt, getan. Sie sammeln mit großem Eifer Steine und legen sie in die Mitte des Kopfes.

»Die Nase ist zu lang!« ruft der Schlotterschotter.

»Meinst du? Na gut.« Das Kieselwiesel nimmt vier Steine von der Nasenspitze weg und steckt sie sich schnell in den Mund.

»So gefällt sie mir gut«, sagt Schlotterschotter.

Sie sammeln weiter Steine und legen sie Stück für Stück nebeneinander. Als beide der Überzeugung sind, daß der Zwergenkopf jetzt fertig ist, treten sie einige Schritte zurück und betrachten ihr Kunstwerk eingehend und kritisch.

Der aus dunklen Steinen gelegte Umriß des Kopfes, die dunklen Augen und der dunkle Mund unter dem ein aus hellen und dunklen Steinchen gelegter Bart wallt, alles zusammen zeigt schon Ähnlichkeit mit dem Felsgebilde, ihrem Vorbild.

»Ich glaube, wir sollten die restlichen sandigen Stellen auch mit hellen Steinen auslegen, dann sieht er richtig gut aus«, sagt Schlotterschotter zum Kieselwiesel. Dieser nickt zustimmend. Nachdem auch das geschehen ist, tanzen sie voller Freude um den Zwergenkopf herum.

»Das ist der schönste Zwerg, den es auf der Welt gibt!« singen sie dabei lauthals. Der Große Steinschlag hört von Ferne das Gebrüll und lächelte in sich hinein.

Was ist ein »Mosaik«?

Der Begriff Mosaik stammt aus dem Arabischen und ist abgeleitet von dem Wort »musanik«, was »geschmückt« bedeutet.

Mosaike sind aus verschiedenfarbigen Teilchen zusammengesetzte Flächenverzierungen. Im Orient sind sie als Stiftmosaike (Flächenbilder aus Tonstiften) verbreitet. Unsere bekannteren Kieselmosaike wurden im 5. Jahrhundert vor Christus von den alten Griechen entwickelt.

Anmerkung:

Kleine Mosaike können in leere Käseschachteln gelegt werden. Dazu werden diese zur Hälfte mit Gips gefüllt. Damit die Kinder genug Zeit zum Legen der Bilder haben, wird der Gips etwas wäßriger angerührt, als auf der Anleitung steht.

Nachdem der Gips getrocknet ist, können die Kunstwerke aus den Schachteln genommen werden.

Steinmusik

Anzahl:
ab 2 SpielerInnen

Alter:
ab 3 Jahren

Material:
viele längliche Steine

Zeit:
mindestens 10 Minuten

Ort:
überall

Steine klingen, sie haben Musik in sich.
In Lilienthal gibt es auf dem Gelände einer Bildungsstätte ein Xylophon aus Steinen. Sechs etwa einen Meter lange Steine liegen im Halbkreis im Gras. Mit einem Steinklöppel oder einer Eisenstange können sie zum Klingen gebracht werden. Jeder Stein klingt anders.
Die Kinder können sich selbst eine eigene Steinorgel bauen. Dazu suchen sie größere, längliche Steine. Sie werden ins Gras gelegt und mit einem Stein auf sie geklopft. Unterschiedlich klingende Steine werden mitgenommen.
Zu Hause legen die Kinder die Steine entweder wieder in das Gras oder auf ein Tablett, das mit einer Schicht Sand ausgelegt ist.
Nun spielen alle auf den Steinen.
Ist es möglich, eine Melodie zu spielen?

Augenspiel

Anzahl:
ab 2 SpielerInnen

Alter:
ab 4 Jahren

Material:
viele verschiedene Steine,
1 Tuch

Zeit:
mindestens 10 Minuten

Ort:
überall

Anmerkung:
Kleine Kinder nehmen nur wenige Steine aus der Schachtel, ältere Kinder können so viele Steine nehmen, wie sie zählen können.

Aus einer Schachtel voller Steine wird eine Handvoll auf einen Teller oder eine Schale gelegt.
Die Kinder sitzen im Kreis um den Teller herum und schauen sich die Steine ganz genau an. Sie merken sich Anzahl, Formen, Farben und Größen. Nach etwa einer Minute wird ein Tuch über die Steine gedeckt.
Die Kinder zählen auf, was sie gesehen haben und noch wissen.
Ein Kind allein kann bestimmt nicht alles über die Steine erzählen. Deshalb müssen alle zusammen helfen. Wenn keiner mehr etwas weiß, wird das Tuch wieder entfernt.
Nun können sich alle Kinder davon überzeugen, wie die Steine wirklich ausgesehen haben.

Fünf Steine

Ein glatter Stein
ein Stein, der rollt
im Wasser
hin und her
so bunt
so rund
und rundum schlicht
mal groß, mal klein:
der Kieselstein

Ein edler Stein
ein Stein von Wert
geschliffen
voller Glut
so rein
so fein
mit stolzem Glanz
in deiner Hand:
der Diamant

Ein harter Stein
ein Stein wie Eis
geschnitten
aus dem Fels
so alt
so kalt
doch voller Pracht
kann er nur sein:
der Marmorstein

Ein Wunderstein
ein Stein, der steht
für Phantasie
so groß
so bloß
und rundum schwer
fällt er dir ein:
der Hinkelstein

Ein dunkler Stein
ein Stein wie Dreck
aus manchem
Material
so rauh
so grau
so kantig hart
und nicht sehr fein:
der Schotterstein

Eckart Bücken

Bewegte Steine

Hart und weich

*Stein ist hart,
wird gesagt.
Ist der Stahl hart,
obwohl er geschmolzen werden kann?
Ist der Beton hart,
obwohl er gegossen werden kann?*

*Stein ist weich,
auch wenn mit ihm gebaut wird,
auch wenn mit ihm gebildet wird.
Stein schützt uns.
Wir müssen ihn nur höhlen
lernen.*

Von alten und neuen Spielen

»Nun mach endlich, du trödelst ja wie ein alter Opa«, faucht Kieselwiesel den Schlotterschotter schon früh am Morgen an, »ich will jetzt zum Großen Steinschlag, du weißt genau, daß ich seit zwei Tagen schon darauf warte! Also los jetzt und schnell!«

»Ja, ja, ich komme schon. Kann ich etwas dafür, daß der Steinschlag keine Zeit für uns hatte?« murrt Schlotterschotter. »Bestimmt schläft er jetzt noch und rechnet so früh gar nicht mit uns. Also laß uns langsam zu ihm laufen, in Ordnung?«

»Von mir aus«, antwortet Kieselwiesel mit vollem Mund, »also gut. Können wir jetzt losgehen, oder bist du immer noch nicht fertig?«

»Wenn du deine Steine gekaut hast!«

Die zwei sind so aufgeregt, weil der Große Steinschlag versprochen hat, ihnen ein paar uralte, aber immer noch schöne Spiele mit Steinen zu erklären. Das hat Kieselwiesel und Schlotterschotter so neugierig gemacht, daß sie es kaum erwarten können. Als sie endlich vor dem Steinschlag ankommen, ruft Kieselwiesel:

»Hallo, wir sind daha! Erklärst du uns jetzt endlich die neuen alten Spiele?«

»Na na, junger Freund, hast du denn gar keine Manieren? Könntest wenigstens einen guten Morgen wünschen! Außerdem habe ich auch noch anderes zu tun, als mich mit euch beiden zu unterhalten«, poltert da der Steinschlag los.

Doch die beiden Freunde wissen inzwischen, wie grob sich der Steinschlag gerne gibt. Sie haben sich so daran gewöhnt, daß er sie nicht mehr erschrecken kann. Und der Steinschlag? Der mag die beiden gerne und kann ihnen nie lange böse sein. Deshalb fährt er gleich in einem viel sanfteren Ton fort:

»Zuerst einmal guten Tag euch beiden. Ich weiß ja, wie neugierig ihr seid, also fangen wir gleich mal mit den leichten, kleinen Spielen an.«

Die Kunst des Werfens

»Glaubt ihr, Steine werfen sei leicht? Ja? Die einfachste Sache der Welt, meinst du, Schlotterschotter? Das glaube ich nicht. Wenn ihr nämlich mit Steinen werft, müßt ihr gut zielen und vor allem aufpassen, daß ihr keine Scheiben einwerft oder gar euch gegenseitig trefft!

Also bitte seid sehr vorsichtig.
Am besten versucht ihr zuerst ein bißchen Sicherheit in eure Würfe zu bekommen und zum Beispiel einen anderen Stein zu treffen.«
Voller Eifer legen Kieselwiesel und Schlotterschotter los. Nach einer Weile haben sie es geschafft. Beide treffen den Stein, der in etwa zwei Meter Entfernung vor ihnen liegt.
»Das habt ihr ja ganz gut hinbekommen«, lobt der große Steinschlag. »Wollt ihr jetzt spielen? Also gut, dann erkläre ich euch die Regeln.«
Die drei sind den ganzen restlichen Tag damit beschäftigt, die Spiele auszuprobieren und haben dabei viel Spaß. Als Kieselwiesel und Schlotterschotter am Abend nach Hause gehen, sind sie richtig müde von all dem Springen, Lachen und Werfen. Glücklich und zufrieden schlafen sie ein.

Steinspiele

Steinwurf

Der größte Stein wird in etwa drei Metern Entfernung von den Kindern auf den Boden gelegt. Jedes Kind malt auf seine drei Stöcke ein Zeichen. Ein Stock, den die Kinder beim Werfen nicht übertreten dürfen, wird als Startlinie auf den Boden gelegt.

Ein Kind beginnt. Es nimmt den kleinen Stein in die Hand und versucht mit ihm den großen Stein zu treffen. Danach versucht es dasselbe mit dem mittleren und schließlich mit dem großen Stein.

Nun markiert das Kind die Stellen, wo die Steine hingefallen sind, mit seinen Stöckchen. Die drei Steine nimmt es auf und bringt sie zurück, damit das nächste Kind spielen kann.

Wer am Ende die meisten Stöckchen direkt an den Zielstein stecken konnte, ist der Große Steinwerfer.

Anzahl:
ab 2 SpielerInnen

Alter:
ab 4 Jahren

Material:
1 kleiner, 1 mittlerer, 1 größerer, 1 sehr großer Stein, pro SpielerIn 3 Stöcke

Zeit:
mindestens 10 Minuten

Ort:
im Freien

Steinkreis

Die Kinder legen die 36 Steine in einem Kreis nebeneinander auf den Tisch oder Boden und zwar so, daß die sechs gleichen Steine Nachbarn sind.

Reihum wird gewürfelt. Das erste Kind bekommt zum Beispiel eine fünf. Es wählt einen beliebigen Stein aus und zieht ihn nach rechts oder links um fünf Steine weiter. An der Stelle, wo der Stein ankommt, wird er in den Kreis geschoben, dabei schiebt sich der dort liegende Stein aus dem Kreis heraus. Der herausgeschobene Stein wird an die Stelle gelegt, wo der erste Stein weggenommen wurde.

Das Kind, welches es schafft, die Steine so zu plazieren, daß sechs verschiedene Steine nebeneinander liegen, darf diese sechs zu sich nehmen. Danach rücken die Kinder die Steine etwas in die Mitte, so daß wieder ein kleinerer aber geschlossener Steinkreis entsteht.

Anzahl:
ab 2 SpielerInnen

Alter:
ab 5 Jahren

Material:
36 kleine Kiesel, von denen immer 6 gleich aussehen, 1 Würfel

Zeit:
mindestens 10 Minuten

Ort:
überall

Anmerkung:
Wenn es nicht genug verschiedene Kiesel gibt, können auch Muscheln oder Trommelsteine (im Bastelgeschäft) benutzt werden

47

Das Spiel geht so lange weiter, bis ein Kind die zwölf letzten Steine erbeutet hat. Zwölf deshalb, weil sich am Ende zweimal sechs Steine ergeben müssen.
Wer dann die meisten Steine hat, ist Sieger.

Das große Hinkelsteinrennen I

Anzahl:
ab 2 SpielerInnen

Alter:
ab 3 Jahren

Material:
1 Stein mindestens so groß wie zwei Fäuste

Zeit:
mindestens 5 Minuten

Ort:
im Freien

Das erste große Hinkelsteinrennen ist für ganz kleine Kinder gedacht.
Alle Kinder stehen hintereinander. Der Stein liegt in mindestens fünf Meter Entfernung auf dem Boden.
Das erste Kind rennt zum Stein und nimmt ihn mit beiden Händen hinter den Rücken. Den Hinkelstein so tragend läuft es zurück zur Gruppe. Dort gibt es den Stein dem nächsten Kind. Dieses Kind trägt ihn, auch hinter dem Rücken, zum Ausgangsplatz und legt ihn dort wieder auf den Boden. Sobald es zurück bei der Gruppe ist, darf das nächste Kind ihn wieder holen.

Alle Kinder, die den Stein nicht fallen lassen, haben gewonnen.
In der nächsten Spielrunde können zwei gleichgroße Gruppen gebildet werden. Die Gruppe, in der jeder den Stein einmal transportiert hat, ohne ihn fallen zu lassen, hat gewonnen. Wenn ein Kind den Hinkelstein fallen läßt, muß es ihn zurücktragen und sich hinten anstellen, damit es später nochmals laufen kann.

Steinsprung

Mit einem Stock wird eine Absprunglinie gekennzeichnet. Das erste Kind nimmt seinen Stein und wirft ihn so weit, daß es ihn anschließend mit einem einzigen Sprung erreichen kann. Hierfür darf kein Anlauf genommen werden, sondern muß »aus dem Stand« gesprungen werden. Wenn das Kind seinen Stein erreicht hat, darf es noch einmal werfen und springen. Wenn es auch beim zweiten Mal den Stein erreicht, darf es sogar noch ein drittes Mal werfen und springen. Wenn es beim dritten Sprung den Stein wieder erreicht, darf es den Stein dort liegen lassen.

Die anderen Kinder sollen nun versuchen, weiter zu werfen und zu springen als das vorherige Kind.

Wer seinen Stein mit einem Sprung nicht erreichen kann, darf kein zweites Mal werfen und muß seinen Stein wieder zurückholen.

Am Ende des Spieles hat das Kind gewonnen, dessen Stein am weitesten entfernt liegt. Wer das geschafft hat, darf das nächste Spiel beginnen.

Anzahl:
ab 2 SpielerInnen

Alter:
ab 4 Jahren

Material:
pro SpielerIn: 1 faustgroßer Stein

Zeit:
mindestens 10 Minuten

Ort:
im Freien

Steinschlag

Anzahl:
ab 2 SpielerInnen

Alter:
ab 5 Jahren

Material:
viele faustgroße Steine,
1 flacher, handgroßer Stein,
kleine Kiesel

Zeit:
mindestens 10 Minuten

Ort:
im Freien

Steine sind hart, das weiß jeder. Deshalb ist bei den Spielen mit Steinen immer Vorsicht geboten. Die Kinder sollten darauf aufmerksam gemacht werden, daß sie nie einen Stein in Richtung eines anderen Menschen werfen dürfen! Er kann dabei verletzt werden.

Die Kinder bauen einen nicht zu kleinen Steinturm so, daß er gut hält. Oben auf den Turm wird ein flacher Stein gesetzt. Auf diesen wiederum wird der Stein gelegt, um den es hier geht, ein rundlicher, faustgroßer Kiesel.

Zwei Meter vom Turm entfernt legen die Kinder einen Stock auf den Boden. Das ist die Grenze, die beim Werfen nicht übertreten werden darf.

Jetzt gilt es, mit einem anderen Stein, den jedes Kind für sich aussuchen kann, durch einen gezielten Schlag den Kiesel vom Turm herunterzuwerfen. Dabei zählt jeder Wurf, den das Kind braucht, um den Kiesel wegzuschlagen, und jeder Stein, der vom Turm herunterfällt, einen Minuspunkt.

Gewonnen hat am Ende, wer die wenigsten Minuspunkte erzielte.

Das große Hinkelsteinrennen II

Die ausgestopften Säcke sollen richtig prall gefüllt sein, sie werden in diesem Spiel als Hinkelsteine gebraucht.
Die Kinder bilden zwei oder drei gleichgroße Gruppen.
Die Kinder jeder Mannschaft stellen sich hintereinander auf. Etwa zehn Meter entfernt wird für jede Gruppe eine Stange als Ziel aufgestellt.
Jeweils die Ersten stemmen ihren Hinkelstein mit beiden Händen über den Kopf und rennen los. Ist die Stange erreicht, wird es schwieriger. Die Kinder müssen jetzt ihre Hinkelsteine vor den Bauch halten und zurückrasen. Am Start wird der Hinkelstein dem nächsten Kind der Gruppe übergeben. Dieses Kind rennt auf die vorher beschriebene Weise zu den Stangen und wieder zurück.
Welche Gruppe wird das große Rennen gewinnen? Sie hat sich den Ehrentitel »Hinkelsteinhinker« wahrlich verdient!

Anzahl:
ab 6 SpielerInnen

Alter:
ab 5 Jahren

Material:
3 mit Zeitungen ausgestopfte und zugebundene Müllsäcke

Zeit:
mindestens 10 Minuten

Ort:
im Freien

Das große Hinkelsteinrennen III

Die Papiertüte wird in Höhe der Augen mit zwei Löchern versehen.
Ein Kind bekommt die Tüte so über den Kopf gestülpt, daß es durch die Löcher sehen kann. Nun nimmt es den Hinkelstein mit beiden Händen hinter den Rücken und geht eine vorher vereinbarte Strecke zum Zielpunkt.
Am Ziel drehen zwei Kinder die Papiertüte so um, daß der Hinkelsteinträger nichts mehr sieht. Seine Aufgabe ist jetzt, den Hinkelstein auf dem gleichen Weg zurückzubringen. Die beiden Kinder begleiten ihn, damit er sich nicht in einen Graben verirrt oder an einem Stacheldraht ein Loch in die Hose reißt!
Setzt der Hinkelsteinträger seinen Stein weiter als jeweils drei Meter links oder rechts vom Startpunkt ab, hat er seinen Hinkelstein leider nicht nach Hause gebracht!

Anzahl:
ab 3 SpielerInnen

Alter:
ab 5 Jahren

Material:
1 große Papiertüte, 1 Stein mindestens so groß wie zwei Hände

Zeit:
mindestens 10 Minuten

Ort:
im Freien

Anmerkung:
Auf keinen Fall Plastiktüten nehmen! Die Kinder könnten zu einem anderen Zeitpunkt unbeaufsichtigt unter der Plastiktüte in Atemnot kommen.

Steinerne Rätsel

Anzahl:
ab 2 SpielerInnen

Alter:
ab 5 Jahren

Material: —

Zeit:
mindestens 5 Minuten

Ort:
überall

Für ein wenig Bewegung im Kopf sorgen jetzt ein paar Rätsel! Meistens beginnen Rätsel mit »Was ist das ...?« Unsere auch. Alle Rätsel dieser Seite haben mit Steinen zu tun.
Wer mehr Rätsel braucht, der denkt sich eben selber welche aus!

Was ist das? Für eine Axt zu hart. Für das Wasser zu weich.
(Der Stein)

Was ist das? Es fliegt hoch in der Luft und lebt im Gebirge. Heißt »Herr der Lüfte« und kommt nur noch selten vor.
(Der Steinadler)

Was ist das? Eine Zeichnung von lang vergangenem Leben, die du nicht auswischen kannst.
(Die Versteinerung)

Was ist das? Es wächst im Wald, hat ein eigenes Dach und schmeckt ganz hervorragend.
(Der Steinpilz)

Was ist das? Es wird aus eckigen Steinen etwas Rundes gebaut, unter dem man durchgehen kann.
(Das Steintor)

Was ist das? Hier wird mit Gewalt einem Berg etwas abgerungen, das wir Menschen brauchen.
(Der Steinbruch)

Was ist das? So ziemlich genau das Gegenteil von sehr jung.
(steinalt)

Was ist das? Hier fällt kein Tageslicht ein, du hörst stetige Geräusche und es ist naß. Stoß dich nicht und brich nichts ab!
(Tropfsteinhöhle)

Was ist das? Die Zeit, in der die Menschen Werkzeuge aus Stein machten.
(Steinzeit)

Rollen, Rutschen, Kugeln

Steinboule

Jedes Kind hat seine drei Steine mit einem Punkt seiner Farbe markiert.

Das erste Kind wirft den kleinen Zielstein. Danach versucht es, seinen ersten Stein nahe dem Zielstein zu plazieren. Danach ist das nächste Kind an der Reihe. Es geht darum, den eigenen Stein so nahe wie möglich an den Zielstein zu werfen. Wenn ein anderer Stein näher als der eigene liegt, kann das Kind versuchen, ihn mit dem eigenen wegzuschießen.

Wer nach drei Versuchen mit einem seiner Steine dem Ziel am nächsten liegt, hat die Runde gewonnen und darf den Zielstein erneut werfen.

Anzahl:
ab 2 SpielerInnen

Alter:
ab 6 Jahren

Material:
1 walnußgroßer Stein, für jedes Kind 3 faustgroße Steine

Zeit:
mindestens 15 Minuten

Ort:
im Freien

Steinweg

Die drei Steine werden vor das erste Kind auf den Boden gelegt.

Es soll sich nur auf diesen Steinen, ohne den Boden zu betreten, bis zum vereinbarten Ziel bewegen.

Den ersten Durchgang macht jedes Kind ganz für sich allein, ruhig und ohne gestört zu werden. Dabei bekommt es ein Gefühl dafür, wo es die Steine hinlegen muß, damit es sicher auf ihnen wandeln kann.

Wenn die Kinder Lust haben, können sie nun gegeneinander antreten.

Jedes Kind erhält drei Steine. Eine Strecke wird festgelegt und das Ziel markiert.

Auf ein Startzeichen hin, laufen die Kinder los. Wer den Boden berührt, muß von vorne anfangen.

Wer zuerst das Ziel erreicht hat, ist Sieger.

Anzahl:
ab 2 SpielerInnen

Alter:
ab 3 Jahren

Material:
3 große, flache Steine

Zeit:
mindestens 5 Minuten

Ort:
im Freien

Variation:
Wenn die Kinder mit drei Steinen gut zurechtgekommen sind, versuchen sie es danach mit nur zwei Steinen. Dabei

müssen sie auf einem Bein stehen, wenn sie den hinteren Stein nach vorne legen. Nun das Gleichgewicht nicht zu verlieren, ist schon »die hohe Schule« des Steinwegs.

Tricksereien

Anzahl:
ab 1 SpielerIn

Alter:
ab 3 Jahren

Material
5 flache Steine

Zeit:
mindestens 5 Minuten

Ort:
im Freien

Lege einen Stein auf einen Daumen. Nun preßt du den Daumen der anderen Hand auf den Stein. Drehe beide Hände um, so daß der Stein nun auf dem Daumen der anderen Hand liegenbleibt.
Schaffst du das? Dazu mußt du die Hand in einer ganz bestimmten Weise verdrehen, sonst fällt der Stein auf den Boden.

Lege auf jede deiner fünf Fingerkuppen einen flachen Stein. Liegen sie einigermaßen sicher?
Drücke jetzt die Fingerkuppen der anderen Hand auf die Steine und zwar Daumen gegen Daumen, Zeigefinger gegen Zeigefinger u.s.w.. Nun versuche, deine Hände zu bewegen, ohne daß ein Stein fällt.

Lege drei flache Steine übereinander auf eine waagerecht gehaltene Handfläche. Nun preßt du die andere Handfläche auf die Steine.
Kannst du beide Hände drehen, ohne daß ein Stein herausrutscht?

Du hast wahrscheinlich auch eine schwächere und eine stärkere Hand (meistens ist es die rechte). Halte deine stärkere Hand so, daß die Handfläche nach unten zum Boden, der Handrücken nach oben zu dir zeigt. Schön flach, bitte. Nun legst du einen nicht zu großen Kiesel auf den Handrücken. Schleudere den Stein durch eine Bewegung ein wenig hoch, drehe blitzschnell die Hand und fang den Stein wieder auf.

Wieviele Steine kannst du auf deiner Handfläche stapeln, also übereinander legen? Und wieviele auf einem Finger? Welcher Finger eignet sich am besten?

Seid ihr gerade zu zweit? Schön. Dann sorgt dafür, daß außer euch niemand in der Nähe ist.
Einer von euch wirft einen größeren Stein von euch weg in die Luft. Der andere soll ihn mit einem kleineren Stein treffen. Da der fliegende Stein schwer zu treffen ist, nehmt ihr am besten gleich mehrere kleine Steine in die Hand.
Wieviele Versuche braucht ihr, um den Stein zu treffen?

Steinschleuder

Die Kinder suchen sich eine Astgabel, die nicht morsch sein darf. An die beiden äußeren Spitzen wird ein Gummi so geknotet, daß er fast gespannt ist. Alle Kinder stehen nebeneinander. Es wird vereinbart, daß nur in Blickrichtung geschossen werden darf.
Die Kinder nehmen einen Kiesel und spannen mit ihm den Gummi. Lassen sie ihn los, wird der Kiesel durch die Luft geschleudert. Haben die Kinder ein wenig Übung mit dem Schleudern, können sie versuchen, ein bestimmtes Ziel zu treffen. Hierfür können in einiger Entfernung Dosen o.ä. aufgestellt werden.

Anzahl:
ab 1 SpielerIn

Alter:
ab 8 Jahren

Material:
kleine Kiesel, 1 Einmachgummi,
1 kleine stabile Astgabel

Zeit:
mindestens 10 Minuten

Ort:
im Freien

Über Stock und Stein

Warm und kalt

Stein ist kalt,
wird gesagt.
Ist die Haut kalt,
weil sie auskühlen kann?
Ist das Holz kalt,
weil es zu Asche werden kann?

Stein ist warm,
auch wenn ihn Eis umgibt,
auch wenn er Kälte ausstrahlt.
Stein wärmt uns.
Wir müssen ihm nur Wärme
geben.

Der Große Steinschlag zu Besuch

Der Große Steinschlag machte sich Sorgen. Kieselwiesel und Schlotterschotter waren seit fünf Tagen nicht mehr vorbeigekommen, um ihn mit Fragen zu überhäufen.

Dabei hatte er sich an die Besuche der beiden so sehr gewöhnt, daß er sie richtig vermißte. Irgendwie waren sie zwei lustige Burschen. Außerdem machte es ihm großen Spaß, sich mit jemandem zu unterhalten, der wirklich an Steinen interessiert war. So beschloß er, sich heute selbst auf den Weg zu machen, um Schlotterschotter und Kieselwiesel zu besuchen. Wenn sie keine Fragen hätten, könnten sie sich ja trotzdem ein wenig unterhalten und dabei ein paar Steine knabbern.

Kieselwiesel und Schlotterschotter merkten schon früh, daß sie Besuch bekommen. Die ganze Erde bebte und zitterte.

»Ist das jetzt ein Erdbeben oder kommt der Große Steinschlag uns besuchen?« fragte Schlotterschotter mehr sich selbst als Kieselwiesel.

»Ich glaube, es ist der Steinschlag. So poltert und wackelt die Erde sonst ja nie!« sprach Kieselwiesel und suchte schnell unter einem Felsbrocken Schutz vor den herunterfallenden Steinen. Schlotterschotter sprang hinter ihm her, denn er fürchtete sich richtig.

»Hallo, haaalloooo«, schrie der Steinschlag jetzt ganz aus der Nähe.

»Du mußt still sitzen bleiben, damit sich die Erde wieder beruhigen kann!« rief ihm das Kieselwiesel zu.

»Ist es so besser?« fragte der Steinschlag. »Es wird schon ganz still. Wo steckt ihr denn, ihr zwei? Kommt endlich raus, sonst suche ich euch.«

Kieselwiesel nahm die Hand seines Freundes und trat mit ihm aus dem Versteck hervor.

»Mensch, Steinschlag, mußt du denn im Dauerlauf hierher kommen? Da ist ja keiner mehr seines Lebens sicher.« Kieselwiesel war ziemlich verärgert.

»Entschuldigung. Das nächste Mal werde ich besser aufpassen und vorsichtiger sein. Ich bin ja nur gekommen, weil ihr mir so gefehlt habt. Ich habe mich sehr gewundert, warum ihr zwei mich nicht mehr besuchen kommt.«

»Ehrlich!« staunte Schlotterschotter, der endlich seinen Schreck verdaut hatte. »Aber wir waren doch so beschäftigt damit, die

57

ganzen Spiele auszuprobieren, die du uns gezeigt hast. Morgen wollten wir wieder bei dir vorbeischauen, damit du uns noch mehr zeigen kannst. Vor allem möchten wir jetzt Spiele kennenlernen, die wir auf Wiesen und in Wäldern spielen können.«

»Nun, da brauche ich nicht lange zu überlegen, die kann ich euch sofort erklären. Setzt euch hin und macht es euch gemütlich, ich will gleich damit anfangen. Ihr nehmt einen großen Stein und ...«, sprach der Große Steinschlag und war nicht mehr zu bremsen.

Er redete und redete, bis es ganz dunkel war. Dann machte er sich diesmal vorsichtig und behutsam auf den Heimweg, wie er es versprochen hatte und verursachte auch tatsächlich nicht das kleinste Beben.

Kieselwiesel und Schlotterschotter waren schnell eingeschlafen. Sie träumten von tiefgrünen Wäldern, blühenden Wiesen, auf denen sie herumtollten und von den herrlichsten Spielen!

Spiele im Gelände

Vierstein

Die Kinder vereinbaren die Größe des Spielfeldes. Sie markieren es mit Stöcken, Steinen oder ihren Pullovern.
Die Kiesel werden als Kreis in die Mitte gelegt.
Ein Kind beginnt als Fänger. Kann es jemanden abschlagen, darf es sich einen Stein aus dem Kreis nehmen. Das abgeschlagene Kind wird nun zum Fänger und macht Jagd auf die anderen.
Wer im Kieselkreis steht, darf nicht gefangen werden. Allerdings kann immer nur ein Kind im Kreis stehen. Wird diesem Kind von einem anderen auf die Schulter getippt, muß es den Kreis freimachen.
Wenn der letzte Stein aus dem Kreis genommen wird, ist das Spiel zu Ende. Wer die meisten Steine gesammelt hat, hat gewonnen.

Variation:
Ältere Kinder haben jeweils 4 Steine in der Hosentasche. Wenn ein Kind ein anderes gefangen hat, bekommt es von diesem zwei seiner Steine. Der Kreis in der Mitte wird trotzdem gelegt.

Anzahl:
ab 2 SpielerInnen

Alter:
ab 4 Jahren

Material:
20 Kieselsteine

Zeit:
mindestens 10 Minuten

Ort:
im Gelände

Tippelstein

Anzahl:
ab 2 SpielerInnen

Alter:
ab 3 Jahren

Material:
für jedes Kind 2 faustgroße Steine

Zeit:
mindestens 5 Minuten

Ort:
im Gelände

Die Kinder begrenzen eine Strecke, die sie zurücklegen wollen. Vielleicht von einem Baum zum anderen?
Jedes Kind nimmt in jede Hand einen Stein, legt ihn auf die offene Handfläche und hält ihn nicht fest.
Nun gehen sie los und setzen dabei immer einen Fuß direkt vor den anderen.
Alle tippeln so schnell sie können zu dem Baum und wieder zurück. Wer einen Stein fallen läßt, muß zum Ausgangspunkt zurück und von vorne anfangen.
Wer zuerst wieder am Start ist, ist der Supertippler.

Einstein

Anzahl:
ab 2 SpielerInnen

Alter:
ab 3 Jahren

Material:
für jedes Kind 1 flacher Stein

Zeit:
mindestens 5 Minuten

Ort:
im Gelände

Die Kinder vereinbaren eine etwa sechs Meter lange Strecke, die zurückgelegt werden soll.
Sie stellen sich auf ein Bein und legen ihren Stein auf den hochgehobenen Fuß.
Nun hüpfen alle los. Der Stein darf mit den Händen festgehalten werden. Fällt der Stein auf den Boden oder verliert das Kind sein Gleichgewicht und fällt um, zählt es so laut bis drei, daß es alle hören können. Danach darf weitergehüpft werden.
Wer hat als erstes den Stein in das Ziel gebracht?

Löffelstein

Die Kinder bestimmen eine Strecke, die zurückgelegt werden soll.

Jedes Kind nimmt den Stiel seines Löffels in den Mund und legt einen Stein darauf.

Jetzt laufen alle los. Der Stein darf dabei nicht festgehalten werden. Wer den Stein fallen läßt, muß von vorne beginnen.

Anzahl:
ab 2 SpielerInnen

Alter:
ab 3 Jahren

Material:
für jedes Kind 1 Stein und 1 Kaffeelöffel

Zeit:
mindestens 5 Minuten

Ort:
im Gelände

Staffelstein

Die Kinder teilen sich in drei Gruppen auf. Alle aus einer Kleingruppe stellen sich am Startpunkt hintereinander. Jedes Kind hat einen Löffel.

Die ersten in jeder Gruppe laufen los und haben dabei den Stein auf dem Löffel. Sie rennen zum Zielpunkt und wieder zur Gruppe zurück. Wer seinen Stein verliert, hebt ihn auf und läuft dann weiter. Zurück am Startpunkt übergibt das Kind den Stein dem nächsten Läufer seiner Gruppe. Haben alle Kinder die Strecke einmal bewältigt, ist die schnellste Gruppe Sieger.

Anzahl:
ab 9 SpielerInnen

Alter:
ab 4 Jahren

Material:
pro Kind: 1 Kaffeelöffel, pro Gruppe: 1 Stein

Zeit:
mindestens 5 Minuten

Ort:
im Gelände

Variation:

Die älteren Kinder dürfen den Stein während des ganzen Spieles nicht mit den Händen berühren. Das bedeutet, der Stein muß von dem einen Löffel in den nächsten »gelöffelt« werden. Auf den Boden gefallene Steine dürfen die Kinder ebenso nur mit dem Löffel aufheben.

Zwillstein

Anzahl:
ab 2 SpielerInnen

Alter:
ab 4 Jahren

Material:
für jedes Kind 1 faustgroßer Stein, 1 Löffel, dicke Schnur

Zeit:
mindestens 5 Minuten

Ort:
im Gelände

Die vorangegangenen Spiele können für ältere Kinder schwieriger gestaltet werden.
Dazu werden ihnen die Füße mit einer Schnur so zusammengebunden, daß nur noch wenige Zentimeter Freiraum zum Laufen übrigbleiben. Dann watscheln die Kinder los.
Der Stein liegt auf einem Löffel, in der offenen Hand, auf dem Handrücken oder er wird sogar auf dem Kopf balanciert.

Es können auch zwei Kinder an den Fußgelenken zusammengebunden werden. Dabei wird die Schnur bei dem einen um die rechte Fessel, bei dem anderen um die linke gebunden.
Die Zwillinge müssen sich gut untereinander abstimmen, sonst landen sie mit den Steinen ständig im Gras!

Steinreihe

Die zehn Steine werden im Abstand von einem Schritt in eine Reihe gelegt.
Ein Kind steht an dem einen Ende der Reihe, die anderen ihm gegenüber.
Nun stellt das einzelne Kind eine Frage, zum Beispiel: Welches Tier legt Eier?
Das Kind, welches diese Frage als erstes laut beantwortet, darf sich auf den ersten Stein stellen.
Bei jeder richtig und als erstes beantworteten Frage darf das jeweilige Kind auf den nächsten Stein vorrücken.
Auf einem Stein dürfen bis zu zwei Kinder stehen. Kommt ein drittes Kind auf einen Stein, darf es diesen (und alle folgenden, mit zwei Kindern besetzten) Steine überspringen.

Wer zuerst das fragende Kind erreicht, darf selbst die Fragen stellen. Alle anderen Kinder müssen zurück zum Start.

Anzahl:
3 bis 8 SpielerInnen

Alter:
ab 3 Jahren

Material:
10 faustgroße Steine

Zeit:
mindestens 15 Minuten

Ort:
im Gelände

Steinschatz

Anzahl:
ab 8 SpielerInnen

Alter:
ab 4 Jahren

Material:
1 Edelsteinschatz

Zeit:
mindestens 60 Minuten

Ort:
im Gelände

Die Hälfte der Kinder geht mit etwa 20 Minuten Vorsprung los.

Sie haben den Edelsteinschatz (Elbkiesel oder Kekse) bei sich und suchen für ihn ein Versteck.

Den Weg kennzeichnen sie mit Steinen, indem sie von Zeit zu Zeit einen Steinpfeil auf den Boden legen oder einen Steinhügel bauen.

Sie dürfen auch Irrwege legen oder die Zeichen mit versteckten Richtungshinweisen versehen.

Ein mit Steinen umgebener Baum weist darauf hin, daß der Schatz in der Nähe versteckt wurde.

Es würde gut passen, wenn der Schatz in der Nähe von besonderen Steinformationen versteckt werden könnte.

Nach 20 Minuten folgt die zweite Gruppe den Zeichen.
Haben die Kinder den Schatz gefunden, dürfen sie ihn unter sich aufteilen.

Auf der Wiese

Steindosen

Zehn Getränkedosen stehen auf einem Tisch. In die Dosen wurden kleine Kieselsteine gelegt, die sie standfester machen. Je nach Alter der Kinder wird der Abwurfpunkt näher am Tisch oder weiter von ihm entfernt mit einem Stock am Boden gekennzeichnet.

Die drei Wurfsteine, am besten runde, nicht zu schwere Kiesel, liegen bereit.

Nun kommt es darauf an, mit den Steinen so viele Dosen wie möglich vom Tisch zu werfen.

Für die Besten liegen bestimmt ein paar Elbkiesel zum Naschen bereit.

Anzahl:
ab 2 SpielerInnen

Alter:
ab 4 Jahren

Material:
10 mit kleinen Kieselsteinen gefüllte Getränkedosen, 3 walnußgroße Steine

Zeit:
mindestens 15 Minuten

Ort:
auf der Wiese

Anmerkung:
Hinter dem Tisch mit den Dosen muß freies Gelände sein, damit nichts passieren kann, wenn die Steine fliegen.

Schwankende Elbkiesel

Mit den beliebten süßen Elbkieseln läßt sich vieles machen. Hier werden sie durchbohrt und aufgefädelt, so daß etwa zehn von ihnen an der Schnur hängen. Es sollten immer mindestens doppelt so viele Elbkiesel an der Leine hängen wie hungrige Mäuler in einer Runde nach ihnen schnappen. Die Leine wird zwischen zwei Bäumen oder Ständern so hoch gespannt, daß die Kinder schon auf die Zehenspitzen müssen, um sie mit dem Mund zu erreichen.

Darum geht es nämlich: Die Kiesel sollen von der Leine gemampft werden, ohne dabei die Hände einzusetzen.

Wer auf diese Weise einen Kiesel vollständig aufgegessen hat, darf sich am nächsten versuchen.

Anzahl:
ab 2 SpielerInnen

Alter:
ab 3 Jahren

Material:
Elbkiesel (das sind Bonbons, die wie Kiesel gefärbt sind), Schnur

Zeit:
mindestens 10 Minuten

Ort:
überall

Ringelstein

Anzahl:
ab 2 SpielerInnen

Alter:
ab 6 Jahren

Material:
3-5 Steinhaufen aus ca. 20 kleinen Steinen, für jedes Kind 1 Wurfring

Zeit:
mindestens 10 Minuten

Ort:
auf der Wiese

Die Kinder bauen nahe beieinander mehrere Steinhäufchen auf und weisen ihnen jeweils eine bestimmte Punktzahl zu. Die Kinder werfen nacheinander ihre Ringe. Sie versuchen den Ring so zu werfen, daß er um einem Steinhaufen liegenbleibt. Gelingt das, werden dem Kind die entsprechenden Punkte gutgeschrieben.
Wer nach fünf Durchgängen die meisten Punkte erzielt hat, hat gewonnen.

Zielsteine

Die Konservendosen werden auf den Boden gestellt und etwas Erde oder Sand wird um sie herum geschüttet, damit sie fest auf der Stelle bleiben. Vor jede Dose werden fünf Kiesel gelegt. Ein Stock markiert die Linie, von der aus die Kinder ihre Steine werfen dürfen.

Der Reihe nach werfen die Kinder einen Stein und versuchen, in eine der Dosen zu treffen.

Wer in eine Dose getroffen hat, darf sich einen Kiesel nehmen.

Wer am Schluß die meisten Kiesel besitzt, hat gewonnen.

Anzahl:
ab 2 SpielerInnen

Alter:
ab 4 Jahren

Material:
5 Konservendosen, 20 kleine Kiesel, für jedes Kind 1 walnußgroßer Stein

Zeit:
mindestens 15 Minuten

Ort:
auf der Wiese

Kulli Kugel

Alle Kinder nehmen sich zwei Steine. Es gibt eine Startlinie und ungefähr fünf Meter weiter einen Zielpfosten oder einen Baum.

Auf ein Startzeichen der Spielleitung kugeln die Kinder ihre Steine zum Ziel.

In einer zweiten Runde sollen die Kinder ihre Steine jeweils mit einer Hand rollen und zwar abwechselnd einmal mit der linken, einmal mit der rechten.

Zuletzt klemmen die Kinder sich noch einen Stein unter das Kinn, bevor sie ihre Steine rollen.

Anzahl:
ab 2 SpielerInnen

Alter:
ab 4 Jahren

Material:
für jedes Kind 2 runde Steine

Zeit:
mindestens 5 Minuten

Ort:
auf der Wiese

Steinkegeln

Die Kinder stellen die Kegel mit wenig Abstand zueinander auf. Ein paar Meter von den Kegeln entfernt wird mit einem Stock die Abwurflinie markiert.

Von hier aus werfen die Kinder nacheinander ihre Steine. Dabei versuchen sie möglichst viele Kegel mit einem Stein umzuwerfen.

Ziel ist es, alle Kegel umgeworfen zu haben, wenn jedes Kind einmal geworfen hat.

Vielleicht schaffen die Kinder es, in der nächsten Runde die Kegel zweimal umzuwerfen?

Anzahl:
ab 2 SpielerInnen

Alter:
ab 4 Jahren

Material:
9 Plastikkegel, für jedes Kind 1 walnußgroßer Stein

Zeit:
mindestens 15 Minuten

Ort:
auf der Wiese

Steinmurmeln

Anzahl:
ab 2 SpielerInnen

Alter:
ab 4 Jahren

Material:
viele runde Kieselsteine

Zeit:
mindestens 10 Minuten

Ort:
auf der Wiese

Sicher kennen Sie oder die Kinder viele Spiele mit Murmeln, Marmeln, Klickern, Knickern oder Schusseln, wie sie manchmal genannt werden. Die meisten dieser Spiele können auch gut mit fast runden Kieselsteinen gespielt werden.
Witzig daran ist, daß die Kiesel irgendwohin laufen, nur nicht dahin, wo die Kinder sie hin haben wollen.
Mit einiger Übung können die Kinder dennoch Erfolge erzielen!

Ein Murmelspiel ist zum Beispiel folgendes: Die Kinder werfen ihre drei Steine gegen eine Mauer. Wessen Stein der Mauer am nächsten liegen bleibt, darf sich von den anderen je einen Stein stibitzen.

Mutter und Sohn

Anzahl:
ab 4 SpielerInnen

Alter:
ab 4 Jahren

Material:
1 großer Stein, 1 kleiner Stein

Zeit:
mindestens 5 Minuten

Ort:
auf der Wiese

Der große runde Stein ist die Mutter, der kleine Stein der Sohn.
Die Kinder stellen sich in einen Kreis. Ein Kind hält den Sohn in der linken und die Mutter in der rechten Hand. Nun gibt es den Sohn nach links, die Mutter gibt es nach rechts weiter. Die Kinder müssen daran denken, daß der Sohn nur mit der Linken angenommen und weitergegeben werden darf und die Mutter nur mit der rechten Hand.
So laufen die beiden Steine durch die Hände aller Kinder. Dabei kommt es weniger auf die Geschwindigkeit an, als vielmehr auf die richtige Hand.
Welcher Stein ist als erster wieder bei dem Startkind?

Wenn alle Kinder im Umgang mit den Steinen sicher geworden sind, versuchen sie es genau anders herum. Jetzt greifen die linken Hände nach der Mutter und die rechten nach dem Kind.

Mutter und Tochter

Alle Kinder stehen im Kreis. Der kleine Stein ist die Tochter, der große die Mutter.

Das erste Kind legt die Tochter ganz vorsichtig auf die Mutter und gibt beide Steine zusammen an seinen Nachbarn weiter. So geht es zur Probe einmal im Kreis herum.

Dann kommt die schwierigere Aufgabe. Die Kinder geben die beiden Steine weiter, dabei dürfen sie nur noch die Mutter anfassen und nicht mehr die Tochter.

Schaffen die Kinder es, beide im Kreis herumzugeben, ohne daß die Tochter herunterfällt?

Anzahl:
ab 4 SpielerInnen

Alter:
ab 4 Jahren

Material:
1 großer Stein, 1 kleiner Stein

Zeit:
mindestens 10 Minuten

Ort:
auf der Wiese

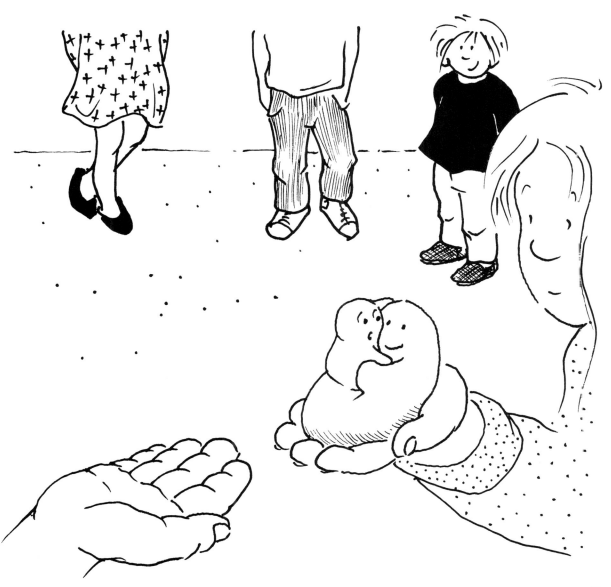

Am Wasser

Anzahl:
ab 2 SpielerInnen

Alter:
ab 3 Jahren

Material:
1 Stückchen Holz oder 1
Brettchen, viele Steine

Zeit:
mindestens 5 Minuten

Ort:
am Wasser

Versenkt

Die Kinder suchen sich ein Stückchen Holz oder ein kleines
Brett, das sie im Wasser schwimmen lassen.
Nun werfen sie die Steine auf das Brett. Dabei wird die Last
des Brettchens immer größer und es beginnt zu sinken. Wer
den letzten Stein auf das Holz wirft, bevor es kentert (um-
fällt), hat gewonnen und darf das nächste Brett aussuchen.

Über tosendes Wasser

Anzahl:
ab 2 SpielerInnen

Alter:
ab 4 Jahren

Material:
viele große Steine im Wasser,
einige Bretter

Zeit:
mindestens 10 Minuten

Ort:
am Bach

Die Kinder bauen mit den Brettern und Steinen eine kleine
Brücke. Sicher wird nur ein kleiner, wackliger Steg entstehen,
aber das macht gar nichts!
Zuerst werden Brückenpfeiler in das Wasser gesetzt. Das
sind große, schwere Steine. Wenn diese noch nicht über die
Oberfläche des Wassers ragen, müssen kleine Steine darunter
geschichtet werden. Danach legen die Kinder vorsichtig die
Bretter auf die Steine.
Ob sie es schaffen, auf diesem Steg von der einen auf die
andere Seite zu kommen?
Sie sollten es versuchen. Wenn der ganze Steg dabei umkippt,
ist das nicht weiter schlimm, denn das Wasser ist ja nicht
hoch. Die Kinder bauen ihre Brücke einfach wieder auf.

Wollen die Kinder lieber eine Brücke mit Geländer haben?
Vier lange und dicke Stöcke werden auf jeder Seite rechts und
links der Brücke mit einem Stein tief ins Gras geklopft. Die
Stöcke werden mit einer Schnur verbunden. Auch wenn die
Kinder an der Schnur keinen Halt finden, so sieht das Ganze
jetzt wie eine echte Brücke aus!

Um wirklichen Halt zu finden, können die Kinder in jede
Hand einen Stock nehmen und sich so abstützen, wenn sie
über den Steg balancieren.

Springstein

Die Kinder suchen glatte und flache Steine in der Größe eines Fünfmarkstückes.

Sie stellen sich etwa einen Meter vom Wasserrand entfernt auf und werfen einen Stein flach über das Wasser. Der Stein soll dabei, bevor er untergeht, möglichst viele Sprünge machen.

Dazu muß der Stein zwischen Daumen und Zeigefinger gepackt werden. Die Werfer beugen sich seitlich nach vorne, damit die Flugbahn des Steines so flach wie möglich verlaufen kann. Jetzt werfen sie den Stein waagerecht und geben ihm einen »Drall«, eine leichte Drehung.

Die wirkliche Kunst besteht darin, den Stein möglichst oft auf der Oberfläche des Wassers landen und wieder hochschnellen zu lassen, bis er endgültig untergeht.

Wer es schafft, einen Stein viermal über das Wasser springen zu lassen, ist sehr gut und hat wahrscheinlich gewonnen!

Anzahl:
ab 2 SpielerInnen

Alter:
ab 4 Jahren

Material:
viele glatte und flache Steine

Zeit:
mindestens 10 Minuten

Ort:
am Wasser

Hangelstein

Anzahl:
ab 2 SpielerInnen

Alter:
ab 8 Jahren

Material:
1 dickes, festes Seil (Bergsteigerseil)

Zeit:
mindestens 20 Minuten

Ort:
am Wasser

Das Seil wird quer über das Wasser gespannt und an zwei Bäumen festgebunden.

Nun hangeln sich die Kinder nacheinander mit Armen und Beinen über das Seil ans andere Ufer.

Wenn sie das geschafft haben, können sie versuchen, einen dicken Stein mit hinüberzunehmen. Dieser muß während des Hangelns zwischen die Beine geklemmt und festgehalten werden.

Wer schafft es, an das andere Ufer zu kommen, ohne daß der Stein ins Wasser fällt?

Am Strand

Grübchen

Die Kinder graben fünf Löcher in eine Reihe. Einen großen Schritt entfernt markieren sie die Abwurfslinie.
Nun nimmt jedes Kind fünf Steine und versucht sie nacheinander in die Gruben zu werfen. Jeder Stein, der in einer Grube liegt, zählt einen Punkt.
Je mehr Übung die Kinder haben, um so leichter wird es ihnen fallen, eine Grube zu treffen.

Variationen:

Es darf immer nur ein Stein in einer Grube liegen, damit es einen Pluspunkt gibt. Liegen zwei oder gar mehr Steine in einer Grube, gibt es keinen Punkt.
Oder: Die Gruben müssen in der Reihenfolge hintereinander getroffen werden. Punkte gibt es nur für Steine, die in der richtigen Reihenfolge in die Gruben gefallen sind.

Anzahl:
ab 2 SpielerInnen

Alter:
ab 4 Jahren

Material:
viele walnußgroße Steine

Zeit:
mindestens 10 Minuten

Ort:
am Strand oder im Sandkasten

Steinbahn

Für die Steinbahn muß der Sand zu einem hohen Berg aufgeschüttet werden. In diesen Berg hinein wird eine Bahn gedrückt, die spiralförmig von der Spitze zum Boden verläuft. Der Sand muß sehr fest angedrückt werden und sollte deshalb möglichst naß sein.
Die Kinder haben sich sehr runde Kiesel gesucht und lassen diese nun von der Spitze der Bahn aus loskullern.
Wessen Kiesel den längsten Weg zurücklegt, ist der Kieselkönig.
Wenn die Bahn so gut gebaut ist, daß alle Kiesel bis an das Ende rollen, wird gemessen, wer den schnellsten Kiesel hat. Dazu nehmen die Kinder eine Uhr mit Sekundenzeiger und stoppen die Zeit, die jeder Kiesel für den Weg von der Spitze bis an den Boden braucht.
Wer den schnellsten Kiesel besitzt, ist Kieselkaiser.

Anzahl:
ab 2 SpielerInnen

Alter:
ab 3 Jahren

Material:
kleine, runde Kiesel

Zeit:
mindestens 10 Minuten

Ort:
am Strand oder im Sandkasten

Die Steinburg

Anzahl:
ab 2 SpielerInnen

Alter:
ab 3 Jahren

Material:
viele Steine

Zeit:
mindestens 10 Minuten

Ort:
am Strand oder im Sandkasten

Die Kinder bekommen die Aufgabe, eine Strandburg zu bauen – allein, zu zweit oder auch in kleinen Gruppen.
Es gibt nur eine Bedingung: Die Burg muß zum Teil aus Steinen bestehen.
Am Meer ist das auch sinnvoll, sonst reißt die Flut alles wieder um. Wenn aber Steine für mehr Festigkeit sorgen, gibt es die Chance, daß am nächsten Tag die Prachtwerke noch bewundert werden können.
Für die schönsten Burgen gibt es am gleichen Tag noch Preise – und am nächsten Tag für die, die noch stehen!

Wenn Steine aufeinander treffen

Schmeichelnde Steine

*Stein ist schroff,
wird gesagt.
Ist der Berg schroff,
weil man vom Tal aus schaut?
Ist der Mensch schroff,
weil er nicht lächelt?*

*Stein ist glatt,
auch wenn er Spuren trägt,
auch wenn er Risse zeigt.
Stein schmeichelt.
Wir müssen ihn nur
streicheln.*

Die Langeweile vertreiben

»Jetzt regnet es schon seit Tagen und immer noch will es nicht aufhören. Ich finde das ganz gemein!« schimpfte Kieselwiesel.

»Nun hör doch endlich auf zu jammern«, fauchte Schlotterschotter zurück, »kannst du dich denn nicht einmal zehn Minuten allein beschäftigen?«

»Doch, das kann ich und das weißt du auch! Aber ich beschäftige mich schon seit vier Tagen ganz allein.«

Kieselwiesel hatte recht. Seit Tagen versuchte er mit seinen gesammelten Steinschätzen alles Mögliche zu spielen. Schlotterschotter döste den ganzen Tag vor sich hin. Kieselwiesel wollte seinen Freund so wenig wie möglich stören. Aber jetzt mußte einmal Schluß mit dem Faulenzen sein. Kieselwiesel kribbelte es überall, weil er Bewegung brauchte und endlich wieder etwas unternehmen wollte.

»Los, komm jetzt, du Schlafmütze!« rief Kieselwiesel dem Schlotterschotter ins Ohr. »Ich will mit dir spielen! Im Regen sind die Steine glitschig, da können wir uns eine Rutschbahn bauen. Auf, du faules Schlottertier!«

»Um nichts in der Welt«, gähnte Schlotterschotter, »gehe ich bei dem Wetter vor die Türe. Nein, nein, nein! Aber du kannst deine Spielsteine holen und mir eine Portion Knabbersteine bringen, dann spielen wir wie die alten Römer auf dem Boden im Sand.«

»Haben die alten Römer die Spielsteine erfunden?« fragte Kieselwiesel.

»Quatsch! Mit Spielsteinen meine ich Steine, die als Figuren für Brettspiele gebraucht werden, zum Beispiel die kleinen Kegel beim »Mensch Ärgere Dich nicht«. Außerdem haben die Römer das Brettspiel nicht erfunden. Forscher haben in den ältesten Gräbern der Menschen Spielsachen aller Art gefunden, und diese Menschen haben vor über einer Million Jahren gelebt. Das ist so lange her, daß ich es mir gar nicht vorstellen kann.

Aahh, da kommen ja meine Knabbersteine! Dann laß uns mit dem Spielen beginnen!«

Spiele gibt es schon seit es Menschen gibt. Früher wurden sie nicht nur zum Zeitvertreib, sondern auch zum besseren Verständnis der Welt und des Lebens benützt. Häufig hatten die Spiele einen religiösen Hintergrund. Mit ihnen wurde die geistliche Lehre erklärt.

Ein Stein im Brett

Nimm ruhig

Auf das Spielfeld (Boden oder Tisch) werden 25 Steine in fünf Reihen untereinander gelegt. Waagerecht und senkrecht sind dabei zusammenhängende Reihen mit jeweils fünf Steinen entstanden.

Reihum dürfen die Kinder einen, zwei oder drei Steine wegnehmen. Allerdings müssen die Steine, welche weggenommen werden, aus einer zusammenhängenden Reihe sein. Außerdem dürfen die Kinder nie zweimal hintereinander die gleiche Menge Steine wegnehmen. Jeder muß also eine andere Anzahl von Steinen nehmen als das Kind, das vor ihm an der Reihe war.

Wer den letzten Stein wegnehmen muß, hat verloren.

Anzahl:
2 bis 4 SpielerInnen

Alter:
ab 4 Jahren

Material:
25 kleine Steine

Zeit:
mindestens 15 Minuten

Ort:
überall

Variation:

Dieses Spiel kann für ältere Kinder vielfach verändert und erschwert werden. Zum Beispiel indem die Steine anders gelegt werden (eine Reihe mit drei Steinen, direkt darunter kommt eine mit vier Steinen, dann eine mit fünf, eine mit sechs und zuletzt eine Reihe mit sieben Steinen. Die Steine bilden so senkrecht und waagerecht unterschiedlich lange Steinreihen).

Oder die Kinder können pro Zug bis zu fünf Steine nehmen. Es können auch noch die diagonalen Reihen als Spielreihen benutzt werden.

Und zum Schluß kann das Kind gewinnen, das den letzten Stein nimmt.

Gleiche Steine

Anzahl:
2 bis 6 SpielerInnen

Alter:
ab 4 Jahren

Material:
20 verschiedene Steinpaare (jedes Paar sollte möglichst gleich aussehen, etwa 2 runde, 2 flache, 2 rauhe, 2 leichte usw.), 1 kleiner Beutel und 1 schwarzes Tuch (40x40 cm)

Zeit:
mindestens 15 Minuten

Ort:
überall

Anmerkung:
Wer nicht genügend verschiedene Steinpaare findet, kann Halbedelsteine oder polierte Kiesel (Trommelsteine) im Bastelgeschäft kaufen.

Die Steinpaare werden so aufgeteilt, daß zwei Haufen entstehen, auf denen jeweils ein Stein des Paares liegt. Die Steine des ersten Haufens werden in den Stoffsack gesteckt, die anderen auf der Spielfläche (Boden oder Tisch) verteilt und mit dem schwarzen Tuch verdeckt.

Das erste Kind greift unter das Tuch, ohne darunter zu schauen. Es zieht einen Stein hervor und legt ihn vor sich hin. Nun greift es in den Sack und tastet die Steine darin ab. Glaubt es den gleichen Stein in der Hand zu haben, wie er vor ihm liegt, zieht es ihn heraus.

Hat es den richtigen Stein gefunden, darf es das Paar behalten.

Sind die Steine unterschiedlich, wirft er den einen in den Sack und gibt den anderen an das nächste Kind weiter. Das versucht nun den richtigen Stein aus dem Stoffsack herauszufischen. Hat es diesmal den richtigen erwischt, gehört das Paar ihm. Das nächste Kind ist an der Reihe, einen neuen Stein unter dem schwarzen Tuch hervorzuholen. Wer am Ende die meisten Paare gefunden hat, hat gewonnen.

Steinturm

Die Kinder suchen sich jeweils eine Farbe des Würfels aus. Vor den Kindern liegen die eigenen zehn Steine, der Filzdeckel liegt in der Mitte der Spielfläche.
Die Kinder würfeln reihum. Die erwürfelte Farbe bestimmt, wer einen Stein auf den Filzdeckel legen darf. Wird Gelb gewürfelt, legt das Kind mit der Farbe gelb einen Stein in die Mitte. So entsteht nach und nach ein Steinturm.
Kullern oder fallen Steine von dem Filzdeckel herunter, nachdem ein Kind einen Stein darauf abgelegt hat, muß es alle neben den Deckel gefallenen Steine zu sich nehmen. Diese Steine können wieder in den Steinhaufen eingebaut werden. Wichtig ist, daß nie ein Stein neben dem Filzdeckel liegen kann. Der Filzdeckel begrenzt also die Grundfläche des Steinhaufens.
Das Kind, welches als erstes keine Steine mehr hat, hat das Spiel gewonnen.

Anzahl
2 bis 6 SpielerInnen

Alter:
ab 4 Jahren

Material:
für jedes Kind 10 walnußgroße, flache Steine, 1 Farbwürfel, 1 Filzdeckel oder gleichgroßes Papier

Zeit:
mindestens 15 Minuten

Ort:
überall

Macao

Anzahl:
3 bis 8 SpielerInnen

Alter:
ab 5 Jahren

Material:
für jedes Kind 20 kleine Steine

Zeit:
mindestens 15 Minuten

Ort:
überall

Die Kinder haben eine Menge kleiner Steine gesammelt. Jedes bekommt jetzt 10 Steine und zieht vor sich im Sand drei Kreise; in den linken malt es eine »0«, in den mittleren eine »1« und in den rechten eine »2« (Im Haus kann ebensogut auf Papier gemalt werden). Die restlichen Steine werden in die Mitte gelegt.

Die erste Runde beginnt. Jedes Kind legt beliebig viele Steine in einen seiner drei Kreise.

Ein Kind, der »Maca«, nimmt mit den Händen soviele Steine aus der Mitte, wie es greifen kann und legt sie vor sich hin. Nun nimmt es immer drei Steine vom Haufen weg und legt sie zur Mitte zurück, aber so, daß alle anderen Kinder es sehen können. Das geht solange, bis der Steinvorrat zu Ende ist. Es bleiben 0, 1 oder 2 Steine übrig.

Bleibt zum Beispiel ein Stein übrig, dann haben alle Kinder diese Spielrunde gewonnen, die in ihrem mit »1« bezeichneten Kreis Steine liegen haben. Sie bekommen vom Maca so viele Steine aus der Mitte dazu, wie sie eingesetzt haben.

Die restlichen, gesetzten Steine sammelt der Maca ein und legt sie in die Mitte.

Nun ist das nächste Kind der Maca und nimmt, nachdem alle Kinder gesetzt haben, eine Menge Steine aus der Mitte.

Das Spiel ist zu Ende, wenn ein Kind keine Steine mehr besitzt oder in der Mitte keine Steine mehr liegen. Dann hat gewonnen, wer die meisten Steine vorweisen kann.

Hopp, Hopp und Hopp

Anzahl:
2 oder 6 SpielerInnen

Alter:
ab 5 Jahren

Material:
49 kleine Steine

Zeit:
mindestens 5 Minuten

Ort:
überall

Die Kinder legen die Steine in Siebener-Reihen untereinander, so daß waagerecht und senkrecht aneinanderliegende Reihen mit je sieben Steinen entstehen.

Das erste Kind nimmt einen beliebigen Stein aus dem Feld und eröffnet damit das Spiel.

Von nun an darf ein Stein nur bewegt werden, wenn mit diesem ein anderer Stein übersprungen werden kann. Die übersprungenen Steine werden aus dem Feld genommen und zählen für das betreffende Kind einen Pluspunkt. So bewegen die Kinder nacheinander jeweils einen Stein ihrer Wahl. Gelingt es, mehr als einen Stein zu überspringen, dann dürfen alle in diesem Zug übersprungenen Steine genommen werden.

Kann kein Stein mehr einen anderen Stein überspringen, ist das Spiel zu Ende. Wer nun die meisten Steine sammeln konnte, hat gewonnen.

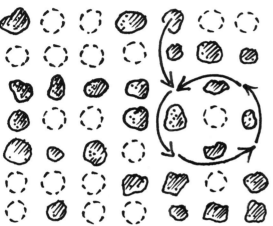

Kreta

Im Sand wird ein Quadrat mit 7 x 7 Feldern aufgezeichnet. Beide Kinder sammeln jeweils 30 Steine, das eine dunkle, das andere helle.

Nun beginnt ein Kind einen Stein in ein freies Feld zu legen. Dann ist das andere Kind an der Reihe, so wird abwechselnd gespielt.

Ziel ist es, mit drei gleichen Steinen eine Reihe zu bilden, sie also auf benachbarten Feldern liegen zu haben. Dabei gelten nur waagerecht oder senkrecht aneinander liegende Steine. Wer eine Dreier-Verbindung geschafft hat, nimmt dem anderen Kind einen Stein aus dem Spiel; dieser Stein ist erbeutet. Nun ist das Kind an der Reihe, das einen Stein verloren hat. Wer als erstes fünf Steine erbeutet hat, hat gewonnen.

Variation:
Ältere Kinder können versuchen, 5 oder mehr Steine in eine Reihe zu legen

Anzahl:
2 SpielerInnen

Alter:
ab 5 Jahren

Material:
30 helle Steine, 30 dunkle Steine

im Zimmer: 1 Dame- oder Schachbrett

Zeit:
mindestens 10 Minuten

Ort:
bevorzugt am Strand, überall

Steinpoker

Anzahl:
2 oder 4 SpielerInnen

Alter:
ab 6 Jahren

Material:
1 großer Stein, evtl. Papier und Stift, für jedes Kind 20 kleine Steine

Zeit:
mindestens 10 Minuten

Ort:
überall

Das Spielfeld wird in den Sand geritzt oder auf Papier gemalt. Es besteht aus einem Quadrat mit neun Feldern.
Auf das Feld im Mittelpunkt wird ein etwas größerer Stein gelegt. Ihn gilt es auf die eigene Seite zu bringen und über den Spielfeldrand hinaus zu bewegen. Dazu sind mindestens drei Züge erforderlich.
Bei einem Spielzug dürfen bis zu 10 Steine gesetzt werden. Jedes Kind überlegt sich nun, wieviel Steine es in der ersten Runde setzen möchte. Diese Anzahl eigener Steine nimmt es in seine Hand, und zwar so, daß die anderen Kinder es nicht sehen.
Wenn alle Kinder ihre Steine in die Hand genommen haben, zeigen sie gleichzeitig die Steine auf den geöffneten Handflächen. Wer die meisten Steine zeigt und damit am besten gepokert hat, der darf den großen Stein um ein Feld (egal, ob gerade oder schräg) zu sich ziehen. Alle gebotenen Steine auf den Handflächen sind verspielt und werden aus dem Spiel genommen.
Haben zwei oder mehr Kinder die gleiche Anzahl von Steinen geboten, bekommt keiner das Zugrecht. Jeder muß jedoch einen seiner Steine aus der Hand abgeben und zur Seite legen.
Wer keine Steine mehr besitzt, kann auch nicht mehr ziehen. Deshalb ist es sehr wichtig, nicht gleich am Anfang zu hoch zu pokern. Wenn es keinem gelingt, den Stein über den eigenen Rand hinaus zu bewegen, hat auch keiner gewonnen. Dann gilt es, mit dem Pokern von neuem zu beginnen.

(Ein Spiel von Dirk Hanneforth)

Steiniger Weg

Es werden 4 x 4 quadratische Felder (also ein 16er Quadrat) in den Sand gezogen oder auf das Papier gemalt. Die Kinder stellen ihre Steine jeweils auf den gegenüberliegenden Randreihen auf.

Ziel ist es, alle Steine des mitspielenden Kindes zu schlagen und dabei einen eigenen Stein übrig zu behalten.

Abwechselnd ziehen die Kinder einen ihrer Steine um ein Feld weiter. Die Steine dürfen nur waagerecht und senkrecht, vor und zurück, aber nicht diagonal bewegt werden.
Liegt ein andersfarbiger Stein neben einem eigenen, muß dieser beim nächsten Spielzug übersprungen werden. Der übersprungene Stein ist damit erbeutet und wird vom Feld genommen. Springen ist waagerecht, senkrecht und diagonal möglich. Mehrfach- und Kettensprünge sind erlaubt. Wenn gesprungen werden kann, muß es auch getan werden.

Anzahl:
2 SpielerInnen

Alter:
ab 6 Jahren

Material:
für jedes Kind 4 gleiche Steine, die sich jeweils von den anderen durch Farbe, Form o.ä. unterscheiden, evtl. Papier und Stift

Zeit:
mindestens 15 Minuten

Ort:
überall, bevorzugt am Strand

Variationen:
- → Beim gleichen Spielprinzip werden die Steine nicht aufgestellt, sondern abwechselnd ins Spiel gebracht. Sie müssen also nicht auf den Randfeldern starten.
- → Aufstellung der Steine wie in der Grundregel beschrieben. Jetzt geht es darum, die Positionen zu tauschen, also so schnell wie möglich die Startfelder der gegnerischen Steine zu besetzen. Ziehen und Überspringen ist in jeder Richtung erlaubt, auch diagonal. Übersprungene Steine bleiben im Spiel.

→ Es geht auch ohne Konkurrenz! In wieviel Zügen schaffen es beide Kinder gemeinsam, jeweils die eigenen Steine auf einer der beiden langen Diagonalen zu ziehen? Gestartet wird in der Grundaufstellung. Die Kinder sollen ihre Steine so ziehen, daß sie sich gegenseitig nicht im Weg stehen. Springen über eigene und fremde Steine ist hier erlaubt.

→ Und noch einmal eine gemeinsame Aufgabe. Diesmal startet die eine Steinfarbe auf den vier Eckfeldern, die andere auf dem mittleren Quadrat aus vier Feldern. Wieviel Züge sind notwendig, um die Aufstellung genau zu wechseln? (In zehn Zügen ist es sehr gut gegangen.)

Denken und Meditieren

Steinalt

*Stein ist alt,
wird gesagt.
Ist der Mensch alt,
weil er Falten hat?
Ist das Weltall alt,
weil es Jahrtausende zählt?*

*Stein ist jung,
auch wenn er lange schläft,
auch wenn er uns überdauert.
Stein lebt.
Wir müssen ihn nur leben
lassen.*

Die steinerne Vergangenheit entdecken

Kieselwiesel und Schlotterschotter hatten soviel über die Steine erfahren, daß sie die vielen Neuigkeiten erst einmal verdauen mußten. Schlotterschotter meinte nachdenklich: »Die Steine sind fast so alt wie die Erde. Glaubst du, sie erzählen uns etwas von der Vergangenheit, wenn wir ganz still sind und ihnen zuhören?«

Das Kieselwiesel brauchte eine Weile, um zu verstehen, was sein Freund damit meinte.

»Ja, das wäre toll«, antwortete es dann, »auch ich würde gerne noch mehr von der steinernen Vergangenheit erfahren. Steine sind von den Menschen schon immer gebraucht worden. Die Feuersteine zum Feuer machen, die Edelsteine als Schmuck, Ziegelsteine für die Häuser und große Natursteine für so riesige Bauwerke wie die Pyramiden.«

»Die Pyramiden können sicher viel von der Vergangenheit erzählen«, bemerkte Schlotterschotter, »ich weiß, daß die Pyramiden die Gräber der Könige von Ägypten sind.«

»Es gibt auch die Pyramiden eines Indianderstammes, der Maya hieß. Die kannten die Ägypter überhaupt nicht und trotzdem haben sie auch riesige Pyramiden errichtet, die ganz schwer zu bauen waren. Sie sind fast genauso alt wie die Königsgräber in Ägypten. Schon für meine Ururorgroßmutter waren diese Bauten steinalt!« ergänzte Kieselwiesel.

Stolz auf das Alter

Schlotterschotter dachte eine Weile nach und sagte dann: »Die Steine können so viel über die Vergangenheit erzählen. Eigentlich müßten sie richtig stolz darauf sein, so viel zu wissen und von den Menschen so sehr gebraucht zu werden.«

In den nächsten Tagen sprachen Kieselwiesel und Schlotterschotter sehr wenig miteinander. Jeder war in seine eigenen Gedanken versunken. Manchmal suchte Schlotterschotter einen Stein und betrachtete ihn lange, bevor er ihn wieder weglegte. Es war, als hörte er sich stundenlang Geschichten an, die ihm die Steine erzählten. Er wollte sich jedes Merkmal eines Steines genau einprägen. Dabei kam er aus dem Staunen gar nicht mehr heraus, so viele Unterschiede fand er.

Kieselwiesel versuchte in dieser Zeit, Pyramiden zu bauen oder Steine zu finden, die eine ganz besondere Form hatten. So entstand eine ganze Landschaft mit den unterschiedlichsten Gestalten. Es gab Berge, Häuser, Menschen und Tiere, Mauern und sogar einen ganzen Wald mit den unterschiedlichsten Bäumen. Alles war aus Steinen und trotzdem sah es ganz lebendig und echt aus. Kieselwiesel war sich nun ganz sicher, daß die Steine stolz sind, so alt zu sein.

Denken und Spüren

Texte und Fotos, zu stimmigen Phasen arrangiert, und einige ruhige Spiele beschließen dieses Buch.

Für die fünf Bildmeditationen wurden Texte, die durch ihre Kurzform für jüngere Kinder geeignet sind, zusätzlich zusammengestellt. Die restlichen Spiele können Sie der Altersangabe entsprechend einsetzen.

Was kann und soll ein Kind aus einer Meditation für sich mitnehmen?

Soll es die Augen öffnen für das besondere Detail?
Soll es die eigenen Gefühle besser wahrnehmen lernen?
Soll es die Ruhe und Stille aushalten und hören, was in ihm spricht?
Soll es sich selbst in einem Bild wiederfinden?
Soll es besser zuhören lernen?
Soll es die Sinne schärfen?

Es ist gleich, welche Schwerpunkte Sie für Ihre Kinder festlegen.
Aber Sie sollten immer darauf achten, daß die Form der Meditation mit Ihren Zielen und dem Gruppengefühl übereinstimmt.
Die Kinder sollten offen sein für Stille und Ruhe, für konzentrierte Bewegungen und für sich selbst. Sie sollten eine aktive Phase hinter sich haben und nicht gerade einen Streit mit einer anderen Person ausfechten wollen. In solchen Momenten treffen wir bei Kindern auf ihr eigenes Bedürfnis nach Ruhe. Sie suchen sich oft von selbst eine ruhige Ecke, um zu malen oder sich Bilder anzuschauen. Manchmal beobachten sie aber auch einfach das Geschehen im Raum.
Das Kind ist mit sich selbst beschäftigt. Es tritt aus dem aktiven Geschehen heraus, um in Ruhe zu beobachten oder mit einem selbstgemalten Bild das eigene Erleben zu reflektieren. Sie können dieses Suchen nach Ruhe unterstützen, indem Sie den Kindern mit den folgenden Spielformen Gelegenheit dazu geben. Nach und nach werden sich auch die unruhigsten Kinder an die Stille in der Gruppe gewöhnen.

Steinmeditation im Kreis

Anzahl:
ab 2 SpielerInnen

Alter:
ab 4 Jahren

Material:
für jedes Kind 1 besonderer
Stein

Zeit:
mindestens 15 Minuten

Ort:
überall, wo es still ist

Die Kinder sitzen im Kreis und schließen die Augen. Sie geben nun jedem einen Stein in die Hand. Die Kinder betasten den Stein, so lange sie wollen. Danach geben sie ihn nach rechts weiter.

Nach und nach hat jedes Kind jeden Stein einmal in der Hand gehabt. Hält ein Kind einen Stein in der Hand, von dem es glaubt, ihn am Anfang schon einmal gehalten zu haben, behält es diesen und gibt ihn nicht mehr weiter.

Wenn alle »ihren« Stein in den Händen halten, öffnen die Kinder die Augen und vergleichen das Gespürte mit dem, was sie nun sehen können. Dazu können Fragen gestellt werden wie:

Habt ihr die Vertiefungen, Löcher und Buckel so groß oder klein wahrgenommen, wie ihr sie jetzt seht? Fühlte sich der Stein ganz anders an als er jetzt aussieht?

Gemalte Steine

Anzahl:
ab 3 SpielerInnen

Alter:
ab 4 Jahren

Material:
für jedes Kind einen Stein, der
sich von den anderen gut
unterscheiden läßt, Papier für
alle, Wasserfarben und
Wachsmalkreide

Zeit:
mindestens 10 Minuten

Ort:
am Tisch

Die Kinder sitzen mit geschlossenen Augen bequem auf Stühlen. Jedes bekommt einen Stein in die Hand und fühlt nun das Gewicht, die Struktur und die Form seines Steines. Darüber hinaus soll sich jedes Kind überlegen, welche Farben sein Stein haben könnte. Die Farben sollen dem Gefühl entsprechen, das der Stein in dem Kind auslöst, nicht der Wirklichkeit. Vielleicht hat ein Kind die Idee, sein Stein komme aus dem Wasser und sei deshalb tiefblau mit leichten grünen Schlieren ...

Wenn ein Kind glaubt, seinen Stein nun gut zu kennen, legt es ihn vor sich auf den Tisch.

Die Spielleitung sammelt die Steine auf den Tischen wieder ein und versteckt sie unter einem Tuch. Wenn alle Kinder ihr Steine abgegeben haben, öffnen sie die Augen, sollen aber noch nicht miteinander reden. Nun nehmen sie ein Papier und versuchen, den Stein so genau wie möglich mit den Farben ihrer Vorstellung zu malen. Dazu dürfen sich die Kinder viel Zeit lassen.

Sind alle Bilder fertig, wird das Tuch von den Steinen genommen und Bild für Bild auf den Tisch gelegt. Ein Kind nach dem anderen nimmt einen fremden Stein und versucht ihn neben das richtige Bild zu legen. Wenn alle Steine verteilt sind, werden sie solange ausgetauscht, bis neben jedem Bild der richtige Stein liegt. Nun können die Kinder sich gegenseitig von ihren Erfahrungen erzählen.

Besonders spannend ist die Frage, warum ein Kind eine bestimmte Farbe für seinen Stein gewählt hat. Jedes Kind hat andere Gründe dafür, die dabei ausgetauscht werden können. Um die Atmosphäre noch meditativer zu gestalten, kann ruhige Musik leise im Hintergrund gespielt werden.

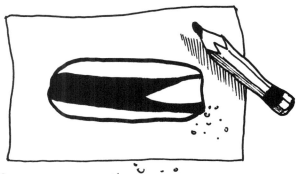

Steinlandschaft

Die Kinder sammeln auf einem gemeinsamen Spaziergang viele Steine. Im Raum bauen die Kinder dann für sich allein oder auch zu Zweit eine Steinlandschaft. Die Spielleitung erklärt den Kindern, wie sie mit dem Gips umgehen können. Die Landschaft soll so werden, wie sich die Kinder eine Gegend vorstellen, in der sie spielen und leben wollen.
Danach kann sich jedes Kind, wenn es möchte, zurückziehen und an seiner Landschaft weiter bauen. Als Basis nehmen die Kinder die Spanplatte. Darauf können sie mit Gips und Kieseln kleine Häuser gestalten oder Steine für andere Dinge zusammenfügen.
Wenn die Landschaften fertig sind, bittet die Spielleitung die Kinder zu beschreiben, was sie in der eigenen Landschaft alles dargestellt haben. Danach werden die Landschaften zu einer großen, gemeinsamen Landschaft zusammengestellt. Die Kinder schauen, ob sie in diesem Steinland alles haben, was sie zum Leben brauchen, oder ob noch etwas fehlt.

Anzahl:
ab 2 SpielerInnen

Alter:
ab 4 Jahren

Material:
besonders viele Steine, auch Kies, Gips, Spanplatte ca. 30x40 cm groß

Zeit:
mindestens 25 Minuten

Ort:
überall, wo es still ist

Steinblume

Anzahl:
ab 2 SpielerInnen

Alter:
ab 3 Jahren

Material:
20 besondere Steine, die wie Körper aussehen

Zeit:
mindestens 15 Minuten

Ort:
überall, wo es still ist

Die Kinder sitzen in einem engen Kreis. In der Mitte liegen die Steine. Die Kinder nehmen sich still verschiedene Steine und versuchen in jedem Stein möglichst viele Formen von Gegenständen, Tieren und Pflanzen zu entdecken. Nachdem die Kinder eine Weile still einige Steine angeschaut haben, unterbricht die Spielleitung und fordert das erste Kind auf zu erzählen, in welchem Stein es eine Form entdeckt hat.

Die Kinder, die den genannten Stein ebenfalls schon in der Hand hatten, können ergänzen, was ihnen selbst dazu eingefallen ist. Danach können die Steine in kleine Gruppen sortiert werden: Tiere, Menschen, Pflanzen, Gebäude und so weiter. Sicher findet sich im Zimmer noch Platz, wo sie aufgestellt und für weitere Spiele verwendet werden können.

Steine wiegen unterschiedlich!

Jedes Kind steht so im Raum, daß es auch mit ausgestreckten Armen kein anderes Kind berührt. Nun bekommt jedes Kind von der Spielleitung einen Stein in die Hand. Die Kinder werden aufgefordert, die Augen zu schließen, damit sie nicht abgelenkt werden.

Die Spielleitung beginnt langsam die nachfolgenden Anweisungen zu geben. Sie achtet darauf, daß sie den Kindern für die einzelnen Schritte genügend Zeit läßt. Ob die Kinder links mit rechts verwechseln, ist nicht wichtig. Es geht lediglich darum, beide Körperseiten zu spüren.

Als erstes sollen die Kinder das Gewicht des Steines in ihrer rechten Hand spüren, anschließend in der linken. Der Stein wird in der rechten Hand nach oben gestemmt, dann in der linken.

Nun soll der Stein auf die linke Schulter gelegt werden, danach auf die rechte, auf den linken Fuß und auf den rechten. Wer kann ihn sogar auf dem Kopf behalten, ohne daß er herunterfällt?

Anzahl:
ab 2 SpielerInnen

Alter:
ab 3 Jahren

Material:
für jeden Spieler 1 faustgroßer Stein, evtl. meditative Musik

Zeit:
mindestens 10 Minuten

Ort:
überall, wo es still ist

Die Kinder legen sich nun auf den Boden. Sie legen den Stein auf die Stirn, den Brustkorb, den Magen und auf den Unterleib. Anschließend setzen sie sich auf und legen ihn abwechselnd auf beide Oberschenkel, die Knie, und auf beide Fußgelenke. Am Schluß legt jedes Kind den Stein dorthin, wo er ihm am leichtesten erschien.

Nun können die Kinder die Augen öffnen und sich umschauen, wo die anderen Kinder die Steine hingelegt haben.

Steine sind schwer!

Anzahl:
ab 2 SpielerInnen

Alter:
ab 4 Jahren

Material:
1 Kopfkissenbezug, viele (möglichst runde) Steine, 1 weiche Decke

Zeit:
mindestens 30 Minuten

Ort:
überall, wo es still ist

Anmerkung:
Es muß eine ruhige Atmosphäre herrschen, damit die Kinder behutsam miteinander umgehen können.

Ein Kind legt sich auf eine weiche Decke. Auf den Bauch bekommt es den leeren Kissenbezug gelegt.

Die Kinder legen nun vorsichtig Steine in den Bezug. Das liegende Kind schließt die Augen und spürt das zunehmende Gewicht. Es sagt, wenn die Steine ihm zu schwer werden. Die anderen nehmen dann so viele Steine aus dem Bezug, bis es für das liegende Kind wieder angenehm ist.

Nun spürt es auf seinem Bauch noch eine Weile die Steine.

Dann nimmt die Spielleitung den Bezug vom Bauch. Das Kind dreht sich in den Vierfüßlerstand und bekommt den Bezug auf den Rücken gelegt.

Nun soll das Kind den Unterschied des Gewichtes spüren. Nach einer kurzen Zeit nehmen die Kinder die Steine wieder aus dem Kissenbezug, so daß das Gewicht langsam verringert wird. Der leere Bezug wird schließlich weggenommen.

Nun soll es sich bequem auf die Decke legen und spüren, wie es sich ohne das Gewicht fühlt.

Hänsel und Gretel

Anzahl:
ab 2 SpielerInnen

Alter:
ab 3 Jahren

Material:
viele Kieselsteine

Zeit:
mindestens 10 Minuten

Ort:
überall, wo es still ist

Sicher kennen alle Kinder die Geschichte von Hänsel und Gretel, die sich ihren Weg nach Hause mit Kieselsteinen markierten.

Die Spielleitung legt mit den Kieselsteinen einen Weg quer durch den Raum. Er darf ruhig ein paar Kurven haben. Das Ende der Strecke wird mit einem Kreis aus Kieseln gekennzeichnet.

Am Anfang der Strecke ziehen die Kinder die Schuhe aus. Das erste Kind geht los. Es schließt die Augen und versucht die Steine als Orientierung zu nehmen. Es muß den Kreis am anderen Ende der Strecke finden. Dort kann es die Augen wieder öffnen. Ist es ein Stück gelaufen, geht das nächste Kind los.

Haben alle Kinder blind den Kreis gefunden, schließen sie wieder die Augen und versuchen gemeinsam alle Kieselsteine aufzuheben. Danach tauschen die Kinder ihre Erfahrungen aus.

Meditieren

Die folgenden Fotos und Texte sind Vorlagen für Bildmeditationen. Während die Kinder das Foto in Ruhe anschauen können, lesen Sie den dazugehörigen Text langsam vor.
Das erste Mal sollten Sie die Kinder sofort erzählen lassen, was ihnen zum Text und zum Bild einfällt.
Beim zweiten Mal vereinbaren Sie mit ihnen, daß am Schluß genügend Zeit bleibt, damit jeder erzählen kann, was ihm eingefallen ist.

Kamele

Wie lange liegen die Kamele schon da?

Das eine schaut fast nachdenklich.

Wodurch sind sie müde geworden?

Das andere scheint den Himmel zu beobachten.

Wo schaut es hin?

Die Sonne geht bald unter.

Was gibt es dort alles zu sehen?

Die Kamele lassen sich nicht aus der Ruhe bringen.

Sehen sie Futter? Oder einen Menschen?

Die Zeit geht still an uns vorüber.

Anzahl:
ab 1 SpielerIn

Alter:
ab 5 Jahren

Material:
Foto

Zeit:
mindestens 15 Minuten

Ort:
überall, wo es still ist

Ruhe im Stein

Da ruht etwas im Stein.

Sag' mir, was du siehst.

Ein Tier. Zwei Tiere. Welche?

Was tun sie? Machen beide dasselbe?

Was hat ihre Aufmerksamkeit erregt?

Wie begann die Geschichte?

Wie wird sie weitergehen?

Erzähle es mir.

Anzahl:
ab 1 SpielerIn

Alter:
ab 3 Jahren

Material:
Foto

Zeit:
mindestens 10 Minuten

Ort:
überall, wo es still ist

Kratzer

Anzahl:
ab 1 SpielerIn

Alter:
ab 5 Jahren

Material:
Foto

Zeit:
mindestens 15 Minuten

Ort:
überall, wo es still ist

Wie ist sie dahin gekommen?
Eine Wand aus Sand und Stein.
Wie viele Jahre steht sie da?
Tiefe Furchen durchschneiden den Berg.
Wer war das? Ist der Berg verletzt?
So gerade Schnitte.
Hat die Natur ein Lineal?
Wie aus der Erde gekratzt.
Was hob die Schichten? Was senkte sie?

Sand und Stein

Anzahl:
ab 1 Kind

Alter:
ab 3 Jahren

Material:
Foto

Zeit:
mindestens 10 Minuten

Ort:
überall, wo es still ist

Da steht ein Berg.
Sag mir, was du siehst.
War es ein Berg?
Wer hat ihn in der Mitte durchgeschnitten?
Wie kommen die geraden Linien da hinein?
Ist die Natur so stark?
Erzähle es mir.

Denkmal

Der Mann ist alt.
Was hat er erlebt?
Sicher ist er berühmt.
Jemand hat ihm aus Stein ein Denkmal gebaut.
Hat er sich darüber gefreut?
Warum schaut er so nachdenklich aus?
Ist er mit sich nicht zufrieden?
Möchte er etwas von mir?
Ich kann anderen Menschen viel geben.

Anzahl:
ab 1 Kind
Alter:
ab 5 Jahren
Material:
Foto
Zeit:
mindestens 15 Minuten
Ort:
überall, wo es still ist

Der alte Mann

Der Mann ist alt.
Ist er traurig?
Worüber denkt er nach?
Sitzt er auf einem Thron?
Schaut er auf uns herab?
Vielleicht hat er entdeckt,
wie fröhlich wir sind.
Was würde er gerne machen?
Erzähle es mir.

Anzahl:
ab 1 Kind
Alter:
ab 3 Jahren
Material:
Foto
Zeit:
mindestens 10 Minuten
Ort:
überall, wo es still ist

Urvogel

Anzahl:
ab 1 SpielerIn

Alter:
ab 5 Jahren

Material:
Foto

Zeit:
mindestens 15 Minuten

Ort:
überall, wo es still ist

Ein Tier aus vergangener Zeit.
Riesig und stark, vielleicht gefährlich.
Zwischen den Beinen, steckt da nicht ein Kind?
Klein und hilflos.
Wird es beschützt? Wird es versorgt?
Ist es dort warm und weich?

Urvogel

Anzahl:
ab 1 SpielerIn

Alter:
ab 3 Jahren

Material:
Foto

Zeit:
mindestens 15 Minuten

Ort:
überall, wo es still ist

Der Urvogel hat ein Kind bei sich.
Vor was wird es beschützt?
Ist es zu kalt?
Ist es zu warm?
Hat es Hunger?
Was braucht ein Kind?
Erzähle es mir.

Kaputt

Bauen erst auf.
Fleißige Hände monatelang.
Reißen dann ab.
Bagger in wenigen Tagen.
Mutig zusammengefügt.
Brutal auseinandergerissen.
Beton brennt nicht.
Bröckelt aber.
Schade.
Oder gut so.
Nachher wird alles sauber weggeräumt.
Es entsteht ein neuer Platz!
Wir können ihn neu gestalten.

Anzahl:
ab 1 SpielerIn
Alter:
ab 5 Jahren
Material:
Foto
Zeit:
mindestens 15 Minuten
Ort:
überall, wo es still ist

Stein bricht

Da steht ein Rest aus Stein.
Sag mir, was du siehst.
Ein hohes Haus? Eine kaputte Wand?
Was war da vorher? Und wie?
Warum wird das Haus zerstört?
Wie begann die Geschichte?
Wie wird sie weiter gehen?

Anzahl:
ab 1 SpielerIn
Alter:
ab 3 Jahren
Material:
Foto
Zeit:
mindestens 10 Minuten
Ort:
überall, wo es still ist

Kinderweltmusik im Internet
www.weltmusik-fuer-kinder.de

H.E. Höfele - S. Steffe
Der wilde Wilde Westen
Kinder spielen Abenteurer und Pioniere
ISBN (Buch): 3-931902-35-8

Wilde Westernlieder und Geschichten
ISBN (CD): 3-931902-36-6

G. + F. Baumann
ALEA IACTA EST
Kinder spielen Römer

ISBN: 3-931902-24-2

J. Sommer
OXMOX OX MOLLOX
Kinder spielen Indianer

ISBN: 3-925169-43-1

Sybille Günther
iftah ya simsim
Spielend den Orient entdecken
ISBN (Buch): 3-931902-46-3
ISBN (CD): 3-931902-47-1

Kinder spielen Geschichte

Im KIGA, Hort, Grundschule, Orientierungsstufe, offene Kindergruppen, bei Festen und Spielnachmittagen

Die erfolgreiche Reihe aus dem Ökotopia Verlag

B. Schön
Wild und verwegen übers Meer
Kinder spielen Seefahrer und Piraten

ISBN (Buch): 3-931902-05-6
ISBN (CD): 3-931902-08-0

P. Budde + J. Kronfli
Fliegende Feder
Indianische Kultur in Spielen, Liedern, Tänzen und Geschichten

Box incl. CD 3-931902-26-9
CD 3-931902-23-4
Indianerpuppe Avyleni 3-931902-27-7

Floerke + Schön
Markt, Musik und Mummenschanz
Stadtleben im Mittelalter

Das Mitmach-Buch zum Tanzen, Singen, Spielen, Schmökern, Basteln & Kochen

ISBN (Buch): 3-931902-43-9
ISBN (CD): 3-931902-44-7

Auf den Spuren fremder Kulturen

H.E. Höfele, S. Steffe
In 80 Tönen um die Welt
Eine musikalisch-multikulturelle Erlebnisreise für Kinder mit Liedern, Tänzen, Spielen, Basteleien und Geschichten

ISBN (Buch): 3-931902-61-7
ISBN (CD): 3-931902-62-5

Gudrun Schreiber, Chen Xuan
Zhongguo ...ab durch die Mitte
Spielend China entdecken

ISBN: 3-931902-39-0

D. Both, B. Bingel
Was glaubst du denn?
Eine spielerische Erlebnisreise für Kinder durch die Welt der Religionen

ISBN: 3-931902-57-9

M. Rosenbaum - A. Lührmann-Sellmeyer
PRIWJET ROSSIJA
Spielend Rußland entdecken

ISBN: 3-931902-33-1

G. Schreiber – P. Heilmann
Karibuni Watoto
Spielend Afrika entdecken

ISBN (Buch): 3-931902-11-0
ISBN (CD): 3-931902-12-9

Miriam Schultze
Sag mir wo der Pfeffer wächst
Spielend fremde Völker entdecken

Eine ethnologische Erlebnisreise für Kinder

ISBN: 3-931902-15-3

Ökotopia Spiele- und Buchversand
Der Fachversand für umwelt- und spielpädagogische Materialien

Fordern Sie unser kostenloses Versandprogramm an:

Ökotopia Verlag
Hafenweg 26 · D-48155 Münster
Tel.: (02 51) 66 10 35 · Fax: 6 38 52
E-Mail: info@oekotopia-verlag.de

Besuchen Sie unsere Homepage! Genießen Sie dort unsere Hörproben!

http://www.oekotopia-verlag.de
und www.weltmusik-fuer-kinder.de

Reinhold Pomaska

Gitarrenschule und Kinderlieder

An einem Abend Gitarrenbegleitung lernen

ISBN (Buch incl. CD): 3-931902-10-2

H. E. Höfele - M. Klein

Sanfte Klänge für Eltern und Babys

Musik, Informationen und Anregungen zum Träumen und Spielen

ISBN (Buch + CD): 3-931902-37-4

M. & R. Schneider

Horizonte erweitern

Bewegen, Entspannen und Meditieren mit Jugendlichen

ISBN (Buch + CD): 3-931902-40-4

Monika Schneider

Gymnastik-Spaß für Rücken und Füße

Gymnastikgeschichten und Spiele mit Musik für Kinder ab 5 Jahren

ISBN (Buch incl. CD): 3-931902-03-X
ISBN (Buch incl. MC): 3-931902-04-8

W. Hering

AQUAKA DELLA OMA

88 alte und neue Klatsch- und Klanggeschichten

ISBN (Buch): 3-931902-30-7
ISBN (CD): 3-931902-31-5

Wolfgang Hering

Kinderleichte Kanons

Zum Singen, Spielen, Sprechen und Bewegen

ISBN (Buch incl. CD): 3-925169-90-3
ISBN (nur Buch): 3-925169-91-1
ISBN (MC): 3-925169-92-X

Gisela Mühlenberg

Budenzauber

Spiellieder und Bewegungsspiele für große und kleine Leute

ISBN: 3-925169-41-5
dazu **MusiCassette** ISBN: 3-925169-63-6

Sabine Hirler

Kinder brauchen Musik, Spiel und Tanz

Bewegt-musikalische Spiele, Lieder und Spielgeschichten für Kinder

ISBN (Buch): 3-931902-28-5
ISBN (CD): 3-931902-29-3

Volker Friebel, Marianne Kunz

Meditative Tänze mit Kindern

In ruhigen und bewegten Tänzen durch den Wandel der Jahreszeiten

ISBN (Buch + CD): 3-931902-52-8

M. Beermann - A. Breucker

Tänze für 1001 Nacht

Geschichten, Aktionen und Gestaltungsideen für 15 Kindertänze ab 4 Jahren

ISBN (Buch incl. CD): 3-925169-82-2
ISBN (nur Buch): 3-925169-86-5
ISBN (nur MC): 3-925169-83-0

Volker Friebel

Mandalareisen mit Kindern

Naturmeditationen, Wahrnehmungsübungen, Fantasiereisen und Malvorlagen

ISBN (Buch incl. CD): 3-931902-32-3

Volker Friebel

Weiße Wolken – Stille Reise

Ruhe und Entspannung für Kinder ab 4 Jahren. Mit vielen Geschichten, Übungen und Musik

ISBN (Buch incl. CD): 3-925169-95-4
ISBN (Buch incl. MC): 3-925169-94-6

Ökotopia Verlag und Versand

Der Fachverlag für gruppen- und spielpädagogische Materialien

Kooperative Spiele, Spiele in Gruppen, Lernspiele, Bewegungsspiele, Brettspiele

Fordern Sie unser kostenloses Programm an:

Ökotopia Verlag
Hafenweg 26 · D-48155 Münster
Tel.: (02 51) 66 10 35 · Fax: 6 38 52
E-Mail: info@oekotopia-verlag.de

Besuchen Sie unsere Homepage! Genießen Sie dort unsere Hörproben!

http://www.oekotopia-verlag.de
und www.weltmusik-fuer-kinder.de

Inseln der Entspannung
Kinder kommen zur Ruhe mit 77 phantasievollen Entspannungsspielen
ISBN: 3-931902-18-8

Voll Sinnen spielen
Wahrnehmungs- und Spielräume für Kinder ab 4 Jahren
ISBN: 3-931902-34-X

Schmusekissen Kissenschlacht
Spiele zum Toben und Entspannen
ISBN: 3-925169-50-4

Auf dem Blocksberg tanzt die Hex'
Spiele, Geschichten und Gestaltungsideen für kleine und große Hexen
ISBN: 3-931902-19-6

Eltern-Turnen mit den Kleinsten
Anleitungen und Anregungen zur Bewegungsförderung mit Kindern von 1 - 4 Jahren
ISBN: 3-925169-89-X

Wi-Wa-Wunderkiste
Mit dem Rollreifen auf den Krabbelberg – Spiel- und Bewegungsanimation für Kinder ab einem Jahr Mit einfachen Materialien zum Selberbauen
ISBN: 3-925169-85-7

Kritzeln-Schnipseln-Klecksen
Erste Erfahrungen mit Farbe, Schere und Papier und lustige Ideen zum Basteln mit Kindern ab 2 Jahren in Spielgruppen, Kindergärten und zu Hause
ISBN: 3-925169-96-2

Große Kunst in Kinderhand
Farben und Formen großer Meister spielerisch mit allen Sinnen erleben
ISBN: 3-931902-56-0

Kunst & Krempel
Fantastische Ideen für kreatives Gestalten mit Kindern, Jugendlichen und Erwachsenen
ISBN: 3-931902-14-5

Laß es spuken
Das Gruselbuch zum Mitmachen
ISBN: 3-931902-01-3

Da ist der Bär los
Kooperative Mit-Spiel-Aktionen für kleine und große Leute ab 3 J.
ISBN: 3-925169-24-5

Spiel & Spaßaktionen
Lustige und spannende Fantasie-Abenteuer-Spiele für Kids
ISBN: 3-931902-63-3